# 好吃 06

谢安冰　主编

电子工业出版社·
**Publishing House of Electronics Industry**
北京·BEIJING

**图书在版编目（ＣＩＰ）数据**

好吃.06 / 谢安冰主编. — 北京：电子工业出版社，2021.9

ISBN 978-7-121-42027-6

Ⅰ.①好… Ⅱ.①谢… Ⅲ.①生活方式－通俗读物 Ⅳ.①C913.3-49

中国版本图书馆CIP数据核字（2021）第188580号

责任编辑：张瑞喜

文字编辑：白　兰

印　　刷：中国电影出版社印刷厂

装　　订：中国电影出版社印刷厂

出版发行：电子工业出版社

　　　　　北京市海淀区万寿路173信箱　　邮编：100036

开　　本：889×1194　1/16　印张：6　字数：238千字

版　　次：2021年9月第1版

印　　次：2021年9月第1次印刷

定　　价：39.80元

凡所购买电子工业出版社图书有缺损问题，请向购买书店调换。若书店售缺，请与本社发行部联系，联系及邮购电话：（010）88254888，88258888。

质量投诉请发邮件至zlts@phei.com.cn，盗版侵权举报请发邮件至dbqq@phei.com.cn。

本书咨询联系方式：bailan@phei.com.cn，（010）68250802。

| 前言 |

昨天，去一家米其林餐厅吃饭，家常的午餐。

虽然这家餐厅不做粤菜，但是广式点心相当出色，甚至比京城最好的粤菜馆子的点心出品都要好，味道稳定，卖相干净，是我周末经常去喝茶的地方。因为熟悉，所以一路上已经想好要点的。

到了餐厅，服务员递过点菜单，一看，点心种类居然被砍掉了一半！只剩下虾饺、肠粉、叉烧包这些不得不有，没了广式早茶就不成立的选项。心想可能午市点心不挣钱吧，一些工序复杂的就不做了，那就点经典款吧。可是，现实不似你所见，虾饺一上来，筷子一夹，心中一惊，感觉这顿午饭凶多吉少——虾饺皮破了，一半粘在筷子上，一半粘在蒸笼上，中间的虾肉馅儿掉出来，孤零零地滚落在一边。虾肉还是剔透、新鲜、弹牙，依旧秉承着餐厅追求食材本真的信念，可这虾饺皮是怎么回事？第一反应就是点心师傅走了，叫来服务员一问，果不其然。

对于餐厅而言，走了师傅，水准下降，有一套诸如生意不容易做的说辞，客人能怎么办？只好抱怨能去吃饭的餐厅又少了一家！但还好，餐厅最黄金的时光我们遇见过，留下只有思念，一串串，永远缠。

十多年前，去苏州做美食专辑，在皋桥菜市场里吃到一家迄今为止无人能及的生煎包，底脆金黄、皮薄松软、汁多肉厚，调味比上海的生煎包更甜些，是我喜欢的南方口味。一碗泡泡馄饨，馄饨皮薄如纱，煮熟后空气进入，鼓鼓的像浮球一样，一个挨一个地挤在汤面上，用竹签挑上一点点肉馅包在中间，隔着半透明的馄饨皮，隐约可见，如心头的一颗朱砂痣。

自从发现了这家店，每年到苏州吃生煎包已成了习惯，有一年，像平常一样逛到菜场里，兴高采烈地走到门口，却发现小店已经关门了。旁边摊位的阿姨说，生煎包师傅因为妈妈年事已高，关店回家照顾老人去了，啊？什么时候回来呀？不知道的。

虽然有点失落，但没有遗憾，该吃的时候一顿没落都吃了，剩下能做的，就是念念不忘，等待必有回响的一天。好吃的东西，比春光更是人间留不住，今天味道美得很的餐厅，一夜之间就变了味儿，今天还有的好菜，说不定明天就过了时令，今天还在灶台前炒菜的师傅，忽然就世界那么大我想去看看了，如此种种。

都说出名要趁早，依我看，好吃更要趁早。及时行乐，活在当下，说的应该都是这个意思吧。想要故作洒脱的，可以借李白一句诗：今朝有酒今朝醉；想要做深远状的，一样可以借苏东坡几句词：

休对故人思故国，且将新火试新茶。
诗酒趁年华。

更多内容，请关注
《好吃taste》公众号

封面摄影/孙万清

目录 *Contents*

怀揣梦想，却不知道该去哪里，那就先来这里把梦搁下，歇一会儿。

## 爱你的心

### 点你的心笼

蔡澜点心店

一盅两件，饮茶吃点心，逐渐成为主题餐饮的新浪潮，著名美食家蔡澜先生的点心店便是其中之一。

店内设计明亮、年轻化，四处都有蔡澜先生的Q版画像，有趣有童心。菜品既传统，又易懂。餐厅高薪聘请了香港米其林星级点心店的核心团队来研发，满足蔡先生对产品的高要求。

招牌必吃的酥皮山楂叉烧包，掉渣的酥皮覆盖着柔软如记忆海绵的小餐包，内里是独家秘制的山楂叉烧馅。叉烧脂香丰腴，山楂酸甜解腻，堪为最佳组合。

即点即炸的芙蓉蛋白春卷则是参考传统名菜"赛螃蟹"的做法，蛋白包裹虾仁，再包上春卷皮，外皮焦脆，内心却柔软滚烫，口感层次丰富。

西洋菜汤是另一经典，更是蔡澜先生多次强调要用心改进的一款特色汤品。其实也没有什么秘密，只要西洋菜用足量，喝起来就能享受双份的浓度。

出品素雅、干净、家常，对细节要求提升后，让人感受到用心，尝过，又会再来。

马拉糕

流沙包

蒸饺拼盘

**地　　址：** 北京市朝阳区建国路81号华贸中心B1层B108-109
**电　　话：** 010-85952749
**营业时间：** 10:00-22:00
**人均消费：** RMB 60.00

水晶鲜虾韭菜饺

# 咖 啡 的

**M+ CAFE**　　**M+ CAFE**　　**M+ CAFE**　　**M+ CAFE**　　**M+ CAFE**

# 有 趣. 时. 间

在北京潮人集中地 SKP-S 的地下一层，就能看见有如太空舱设计的 M+Café。

这个来自西安，以精品手工咖啡与甜品为主打的品牌，既能过江，自有一身本领。

开放式的空间，可以独坐，亦适合与朋友轻松聚会。咖啡师连体的工人装束打扮，干净利落，更与商场"未来"的设计主题彼此呼应。

每一位咖啡师对自家产品都非常了解，无论是咖啡小白还是对咖啡已有口味偏好的饮家，都可以很放心地让他们来推荐。

除了从世界各地精选产地的咖啡豆外，M+Café 还在云南拥有自己的咖啡庄园，从咖啡豆的种植、采购、处理，全线监控，确保咖啡生豆原料的品质。并自主烘焙采购咖啡生豆，以确保咖啡的新鲜口感。

气氛轻松，咖啡专业。对待手冲咖啡，咖啡师永远全神贯注，每一杯都值得让人细细品味。咖啡以外，甜点亦非常精细，造型趣怪特色，味道令人心生欢喜。

**地　址：** 北京市朝阳区建国路 86 号 SKP-S
　　　　（B1 层）B1027，扶手电梯旁
**电　话：** 010-53603350
**营业时间：** 10:00-21:30
**人均消费：** RMB 60.00

# 吃 瓜

一入夏，蝉鸣蛙叫之时，最应时的水果，就是西瓜。

西瓜消暑，圆滚滚，笨拙可爱，翠绿外皮，鲜红瓜瓤，汁水四溢。

少了西瓜，夏天就未曾来过。

# 群 众

# 大 兴 庞 各 庄， 上 天 赏 你 西 瓜 吃

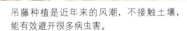

殷实，是一位对西瓜充满无比热情的农人。外表精干厚实，一说起有关西瓜的话题就滔滔不绝，大学读的是农学专业，毕业后到农科院任职，被分派研究西瓜种植，就这样与西瓜结下了不解之缘。直至现在创业，依然以西瓜为重点，"和西瓜打了这么多年交道，当然充满信心。"

瓜田距离北京城区不远，这里自辽代以来就是著名的西瓜产地，一说起大兴庞各庄，西瓜就是其一张名片。"实际上大兴还有很多地标性的农作物，只是西瓜相对来说名气更大。"殷实忍不住笑说。

吊藤种植是近年来的风潮，不接触土壤，
能有效避开很多病虫害。

虽说现代农业技术不断进步，可风土气候依旧是决定农产品优劣的主要元素。大兴这片区域属于温带半干旱大陆性季风气候，日照条件加上昼夜近 10℃ 的温差，使此处的西瓜容易积累糖分。永定河冲积平原形成的"蒙金二合土"更是得天独厚，西瓜喜好砂质土壤，此种土壤能为根系输送更多水分的同时又保证透气生长，上层是干爽砂质，下层是养分丰富的"蒙金二合土"，富含西瓜生长不可替代的硼、锰、镁等微量元素。

环境舒适，营养丰富，加上极其适合的气候，西瓜一个个在此都长成表面带光的圆嘟嘟的可爱模样。

生态种植在于细节，看似平凡的地灌系统成本奇高。

# 农业，就是极致表现风土

走进殷实家的大棚，阳光直照，半开的天窗有风缓缓而入，温暖又舒爽的感觉别说西瓜，人待久了也会变得懒洋洋。

跟想象中不一样的是，眼前的西瓜都是一个个吊在藤上的，悬空栽培的方式和传统种在地上的西瓜有很大的区别。"悬空挂藤的西瓜，不仅能避免接触泥土里的病虫害，更能全面地得到阳光的照射，营养吸收分布也更加均衡，过去西瓜上阳光照不到的部位会发白发黄的问题也完全解决了。"

对于农业技术，殷实认为技术发展的目的就在于不断地探索进步的方式，而不是将农耕变成迷信。说起市面上炒作的浇牛奶的西瓜，殷实就更哭笑不得："大家都是有文化的人。"每次遇到这些问题，殷实这句话就成为了他的口头禅。"先不说牛奶的分子结构注定不可被西瓜吸收，况且牛奶所谓的营养还不如特配的肥料有效。只不过大部分人爱听故事，要是少了点曲折和玄奇，吃起来就少了点兴奋作调味。"

其实，种好西瓜没有秘密，不外乎"好品种、勤管理、细观察"这些平实直白得让人不可置信的道理。相比看天吃饭的传统农耕思维，殷实更加相信数据分析并从中作调整判断。

生态捕虫灯

现代农业提出优化品质的方法，让农人少走弯路，但实际上要做好，要求的管理方式只会越来越繁杂细致。就像为西瓜挂藤，一个工人一天最多只能做完两个大棚，这个每天重复的工作完全应验了什么叫朴实无华且枯燥。除了挂藤以外，还需仔细观察西瓜结果的状态，并做出相应的调整。

"一条瓜藤上要保留状态最好的挂果，其他必须淘汰，避免劣果摊薄养分，同时要时刻细查瓜藤的生长状态，避免病虫害的侵扰。"种瓜得瓜，只要肯费心照顾，结果就会精细到位。如果不刻意去控制，结果也自然不可控。

如果说风土气候与人手管理算是农业先后天的两个必要条件，那么品种就属于非常个人的一种判断了。在殷实看来，西瓜品种不断推陈出新，选择一个合适的品种才不辜负先天的条件以及后天的辛苦。

在众多西瓜品种中，殷实选择了"航兴天秀 2 号"，之所以选择这款，主要是瓜肉的水分与含糖量都达到了他心中理想的效果，也相信在精细的照顾下，一定能将大兴的风土特点完美地表达出来。加上此品种的西瓜个头不大，1~2 人的分量恰好能满足大部分人一次食用完的需求，小西瓜也方便运输，能大大降低物流过程当中的破损率。

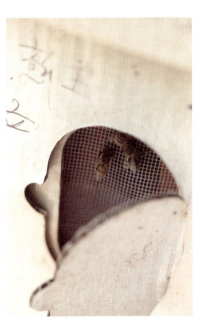

糖水盘子里放上细木棍，是为了能让授粉的蜜蜂有落脚之处。

瓜园里靠蜜蜂来自然授粉，也依靠捕虫灯和捕虫板捉虫，全方位做到天然种植。

## 夏天、蝉鸣、西瓜甜

虽说种西瓜最终目的是商品销售，可与殷实交谈，会发现他育瓜就如育人一样充满热爱。即便几年来农业并没有给他带来太多盈利，可因为心之所好，令他继续埋头坚守在瓜田中。

过程用心，结果自然令人期待，用小刀轻轻一碰，西瓜立刻"噗"的一声裂开，清脆爽快，光从声音判断，西瓜的成熟度与水分度都非常优秀。拿在手中，瓜肉纤维绵密，说明口感亦同样会很细腻。一口咬下，先是爽脆再是细沙，随之西瓜的香气逐步渗出。有趣的是其甜味不是一味袭人的浓甜，而是清澈细软。"一般的西瓜只能吃红肉，我们的瓜连皮都是甜的。"殷实自豪地介绍。确实，相较平常的西瓜，眼前的西瓜瓜皮部分非常纤薄，吃起来味道与黄瓜相仿，有淡淡的清香，恰好与瓜肉的清甜形成极好的对比。有人特意切下西瓜皮，洗干净后用来做腌菜，配粥配饭。

东西要比，才有高低。殷实种的西瓜与市面上的同类相比，差异明显，尝过就知道。"哪怕成本高一点，也要品质好一点，但是有些客人就不理解，别人的西瓜卖 5 块钱一个，你的为什么要卖 30 块？"但是，见过高山，尝过好的，就不可能再退而求其次，好东西本来就是贵的，一分钱一分货是老道理。

夏天临近尾声，意味着一年西瓜季的结束，棚里的西瓜其实在 7 月份就慢慢收尾，埋头瓜田的殷实也开始轮种玉米和其他蔬菜，作为取代西瓜的收入。"只要对西瓜质量认可的客人，也同样信任我们其他的产品，这就是良性循环。"农业中的因果关系是最直接实在的，不光是西瓜，只要精挑品种，用心细耕，应对天时，结果都不会让人失望。 t

有趣、新鲜、好用，用了这个栏目推荐的东西感觉以前的都白用了——主编是这么说的。不管你信不信，反正我信了。

# 日 常 生 活 的

# 一 点  艺 术

随着年龄的增长，选择日常使用的器具更倾向于平实，但实用的同时又希望有趣有设计。就像最近越来越喜欢的"痣 Birthmark"，是一个专注日常和实验器物的品牌，尊重产地材料和工艺的在地性。器皿不是用来收藏的，正确的打开方式就是好好使用，器物要方便使用者，用久了就会离不开，随他从一处到另一处。

1

2

## 1 断把马克杯

生活中经常有东西破损了，也会继续使用的情况。马克杯断把最常见，杯身还完好无损，扔掉可惜，留着又感觉不完整，索性做一个本来就断把的杯子，如断臂的维纳斯，处处提醒你残缺亦是美。

## 2 宽度蓝边厚杯

那一抹蓝，是"痣 Birthmark"的经典设计，蓝边也是传统的釉下青花，青花料罩在釉下，高温后呈现独特的湛蓝色，边缘会浅浅晕开，蓝色也是深深浅浅地晕染，每一件都独一无二。来自景德镇的高温瓷，在 1300℃ 以上的高温里，不用担心含铅和镉。

## 3 "我是白"×"痣 Birthmark"联名半釉厚唇杯

在厚唇杯面世 12 年之际，品牌联合插画作者"我是白"推出了这款意趣盎然的厚唇杯。延续了厚唇杯 DNA 中厚实的杯壁和极具安全感的手感特色之外，凭借杯身细节突出的图案，成为粉丝的新宠。一边喝水，一边被逗乐，你看出来了吗？

## 4 半釉厚唇杯

自古瓷器以薄为美，设计师非要返其道而行。不是厚瓷不美，而是一直没有出现设计得合乎心意的厚瓷，直至这一款杯子的出现。厚唇杯是"痣 Birthmark"最具代表性的产品之一，上半部分上釉，敦实圆润，下半部分露胎，细密有手感。设计有细节，杯口的斜面角度可以减少喝水的噪音；厚实的杯壁具有极好的保温性；内壁的金色标志，水位到此正好是 200ml，总之就是各种用心。

有趣、新鲜、好用，用了这个栏目推荐的东西感觉以前的都白用了——主编是这么说的。不管你信不信，反正我信了。

4

6

5

3

7

### 十字烈酒杯

倒入琥珀色的威士忌，举杯欲饮，就会看见底部的十字被酒液映成金色。造型古典，分量压手，矮矮的，圆润的，杯壁笔直的，简单却又自带光芒。浅浅倒一层酒，送给自己安静的 10 分钟。

### 束腰杯

如果只能拥有一只玻璃杯，我会推荐这款与著名家居品牌梵几联合推出的杯子。盈盈一握在手间，纤细的质感在喝水时，就能感受到。束腰造型把杯身分为上下两个空间，容量可大可小，满杯 300ml，水、烈酒、咖啡、茶、牛奶，甚至酸奶、甜品都适合。更有心思的地方在于杯身上有宽棱设计，乍一看不起眼，但如果把杯子置于阳光下，就能见到桌面上夺目的光影。杯子有透明和琥珀色两种，都实用且貌美。

### 胶囊杯

这只薄如纸的杯子，杯身厚度仅 1 毫米，设计师原意是想要降低器皿的存在感，以突出饮品本身。使用 1400°C 钾钡无铅水晶料，因为很薄，又要做到极致通透的效果，因此成品率不足 40%。杯底没有边界，只有弧度，可以强化液体的流动感。一枚胶囊，收获两只一高一矮的杯子，大杯满杯 450ml，小杯满杯 250ml，高杯盛酒，矮杯装水，各取所需。

# 盐水鸭飘飘香

关于桂花的美丽误会

桂花盐水鸭名声在外，很多人以为盐水鸭吃起来会带着桂花的甜香。事实上吃过的人都知道，鸭肉本身不带桂花的味道。盐水鸭之所以会与桂花牵上关系，是因为制作优质的盐水鸭，通常都会选择当年生的仔鸭为原料，养到中秋时节桂花飘香的时候才宰杀制作，这时候的鸭子肉质纤细，吃起来细嫩无渣，鸭皮泛着独特的脂香。每年桂花盛开，南京的盐水鸭也同样飘起油润咸香的气息。

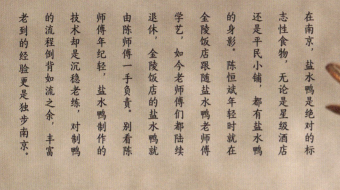

让人食指大动的神乎其技，全都来自平淡无奇的四六时中。
三百六十行，数吃喝界的大神们最有平常心，事了拂衣去，深藏功与名。

在南京，盐水鸭是绝对的标志性食物，无论是平民小铺还是星级酒店，都有盐水鸭的身影。陈恒斌年轻时就在金陵饭店跟随盐水鸭老师傅学艺，如今老师傅们都陆续退休，金陵饭店的盐水鸭就由陈师傅一手负责。别看陈师傅年纪轻，盐水鸭制作的技术却是沉稳老练，对制鸭的流程倒背如流之余，丰富老到的经验更是独步南京。

## 金陵盐水鸭

在南京的大街小巷，随处都能找到盐水鸭专门店，盐水鸭早就是当地人生活的代表味道之一。不过要在南京城里找最好的盐水鸭，金陵饭店的出品一定会是前三名。无他，作为著名的老牌酒店，这里的盐水鸭从民国就开始招待各路名人，到如今，盐水鸭的制作方法在此处依然被完全保留，代代流传。现在的盐水鸭制作，正是由第三代传承人陈恒斌师傅负责，别看眼前这位 80 后的师傅年纪轻，可身上却怀着深厚的古法盐水鸭的传统制作手艺。

很多时候，对一门手艺的理解不过就是成熟的技术，可在陈师傅身上却能反映出另一个层面，就盐水鸭来说，从食材开始就不能懈怠。陈师傅的盐水鸭指定要用龙王庙水库的麻鸭，相比我们熟知的填鸭，龙王庙水库的麻鸭生长在自然环境中，以螺蛳与鱼虾为食，使其比我们熟知的樱桃谷填鸭身材更为瘦身，肉质透着鲜甜的本味，有弹性有咬口。较薄的鸭皮意味着更少的油脂，在腌制的时候更入味，口感也更爽脆。

金陵饭店的古法盐水鸭，必须事先将香料和盐一起炒香，再用手搓按。

炒盐腌

清卤复

香料海盐Spa

盐水鸭的制作，看起来不过就是"炒盐腌、清卤复、吹得干、焐得透"几个简单步骤，可每一个步骤都需细心和经验。就如开始的炒盐腌，洗净的鸭子首先要经过海盐彻底的磨砂按摩，陈师傅一边示范一边介绍。别处腌制盐水鸭就是把大量的盐铺在鸭身上，这样做其实盐分无法完全渗透到肉质当中，鸭肉的蛋白质发生不了变化，就会没有鲜味，变得一味的咸，更别说通过盐分将鸭皮的脂肪分解，产生爽脆的口感了。

金陵饭店古法盐水鸭的制作过程，会将香料与盐事先以干锅炒香，使盐能充分吸收香料的味道，同时也有去腥增香的效果。最重要的是每一只鸭子都必须经人手用炒好的盐搓按，尤其一些关节与内腔的细节位置更是不能放过。搓盐这个步骤是个体力活，陈师傅说，鸭子的水分与多余的油脂必须通过搓盐而释出，令鸭身出现"出汗"的效果，半个小时下来，一言不发专心致志的陈师傅已经搓得满头大汗，而手中的鸭身才逐渐出现水分，一天30几只鸭子搓下来，流汗流到脱水的估计是搓盐的人而不是鸭子吧，实在是辛苦。

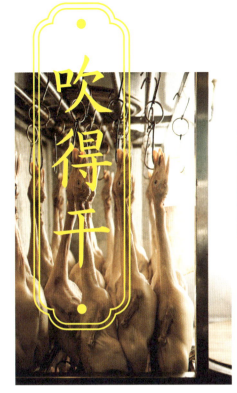

**吹得干**

鸭坯要吹得表皮干燥，才能焐得更香更有滋味。

**灵魂『老卤』**

说到盐水鸭，不可不提"老卤"，作为盐水鸭的灵魂，老卤实际上是加入了桂皮、八角、花椒、盐一起浸泡的饱和盐水，将用炒盐搓过的鸭子浸泡在内，使其入味。经陈年老卤浸泡过的鸭子如同被注入了灵魂，味道咸中带着浓浓的幽香，一阵难言的鲜，是来自岁月的沉淀。

老卤靠的并不是任何金贵的材料，而是经过时间，浸泡了无数只鸭子，盐水吸收了鸭肉精华，平凡的盐水仿佛被注入了生命，脱胎成为"老卤"。盐卤中带着鸭肉的香味，加上反复添加香料与盐，日积月累之下，一缸老卤便蕴含了成千上万份鸭肉的醇香。

**焐得透**

老卤的保养更花费心思和功夫，因为鸭子浸泡得多了，融入血水，老卤就会变浊发红，蛋白质含量过高会导致老卤变质，所以每隔一段时间就要做清卤的工作。将老卤倒进锅里加热，之后撇去吸附了杂质的血沫，再用纱布细细过滤，使得卤汁清亮醇厚，历久常新。由于老卤的时间久远，每次清卤，再老资格的师傅都如临大敌，生怕一个不小心就把多年积累的心血破坏。

要说老卤之老，在当地就一定老不过这里，走到位于酒店地下的制鸭车间，陈师傅拉开冰库的大门，里面除了挂满的鸭子以外，两口大瓦缸里就是盐水鸭的"老卤"。在外人看来，这不过就是带着浓郁香料味道的盐水，可对盐水鸭师傅来说，却如生命般珍贵。"记得当年日本人来的时候，我师爷第一件事就是把这两缸老卤埋到地里，等抗战胜利了，才把它们重新挖出来。"

金陵的盐水鸭之所以能独步南京，很大一部分凭的就是这缸百年老卤。有时候，时间往往造就了食物之间不可逾越的差距，不单是好茶醇酒，显然盐水鸭亦是同样道理。

用文火慢焐，才能保证鸭子皮光肉滑。

## 焐鸭才是真功夫

当鸭子浸透了老卤后，就会被吊起吹干，等待进一步脱水，使味道能逐步渗入肉质当中。吊起的鸭子会轻微发酵，蛋白质与盐分的变化使鲜味产生。

在古法制作过程中，必须要将鸭子吊起吹干，如果鸭身不够干爽，鸭肉的蛋白质难免会在过程中改变，从而出现不好闻的气味，影响口味之余亦难以保存。所以问陈师傅每只鸭子在浸过老卤后需要吊挂多久，对方都难以给出一个确定的答案，因为每只鸭子的吊挂程度都会视天气湿度，以及个头大小而变化。

到了把鸭子放入水中煮熟的最后一步，很多时候往往会不被重视，连不少老师傅都不免失手。陈师傅细心解释，由于腌透晾干的鸭子皮肉比较紧绷，煮制的过程中，如果温度稍有不稳，鸭子就会皮开肉绽，影响外观之余，味道亦随之流失在水中。

所以，上好盐水鸭的妙诀强调"焐"，其意就是以微火逐渐将鸭子浸熟，所谓的焐就如同盖上棉被，这样的方法会使热力慢慢渗透入鸭肉，保持肉质的细嫩。

果真，在陈师傅精准的控制下，一锅鸭子都变成白白胖胖的可爱模样，沥干水分后鸭皮表面还出现有如流汗的水滴。陈师傅说，唯有焐到火候的盐水鸭才会有如此的"汗珠"，因为恰好的温度，才能将鸭皮中多余的油脂徐徐逼出，由于热力控制得宜，亦不会将鸭皮撑爆，鸭肉还能保持鲜嫩的淡黄色泽。可见每一步都要谨慎对待，才对得起之前所花的心思和时间。

焐好的盐水鸭，咸鲜入味，南京人的餐桌上少不了它。

经过如此周章，南京最贵的盐水鸭就算基本制作完成了。不过当一整只盐水鸭送到冷菜间的时候，陈师傅却以利落的刀法将鸭胸与鸭腿卸下，剩下的就放到一边，另作别用。鸭胸与鸭腿被飞快地去骨，然后斩成相仿大小，一只鸭子历经多时，呈现的就是眼前的一小碟。

香味扑鼻，咸鲜味在口中化成一丝丝的甘甜，让人满口生津。问陈师傅与盐水鸭日夜相对会否厌倦，没想到对方表示不但爱吃自家的盐水鸭，有时候休假，鸭瘾一起也会到几家相熟的鸭铺斩上几只，回家添菜下酒。

说到最爱吃的盐水鸭部位，陈师傅直言不讳，最容易被人忽略的鸭大腿内侧的两块肉才是精华所在。由于此部位的肉属于经常活动的活肉，肉厚带筋，但质感细腻，一开始搓盐的重点部位就在这里，所以是整只鸭子最入味的部位，只有珍贵的两小块，唯有最懂盐水鸭的人才会专门找这两块来吃。**t**

一盘『精选』盐水鸭的诞生

如果能把珍贵弄清楚，那昂贵自然也就清楚了。二者的区别十分明显：珍贵会变成值得，而昂贵不会。

# 老酱

酒、酱、醋、茶，是发酵食品里的四大基础，其中"酱"更是奠定了亚洲人的味道根本。酱香，是只可意会的一股独特滋味，为了这份独特，在讲究量化的时代，还是有人坚持沿用传统的一套技法，让几百年流传的老酱生香。

# 生 香

凌晨天色还漆黑，酱园压榨间里已有一盏灯火。压榨师傅正在把缸里发酵好的酱加水稀释后，用漏斗逐个灌进长柱状的棉布袋，捆好，再整齐码放到一个大木盒里。到了这一步，其实已经是酱油酿造的最后阶段。当棉袋里的酱经过压榨萃取后，就可以消毒装瓶投入市场。

相比其他酱油，仁昌酱园最特别的就是压榨时还保留传统的木头压榨方式，利用石头叠加的重量，以杠杆原理将棉袋里的酱油压出。面前的老师傅说，相比流水线工厂，传统的压榨方式虽然慢，但能提取出酱里更多的鲜味，压榨用的石头可以按情况逐步叠加，重量的控制上可以更加细微。棉布袋受到重压，内里的酱油就从下方出口缓缓流出，整个压榨间内酱香满溢。

眼前的老人家酿造酱油已经有半辈子，儿子从小耳濡目染，现在也跟着他做酱打油。酿酱油，这份既讲究体力，同时也耗费心力的传统技术，正是以如此不可言传的方式一代代身教下去。

俞彩玉，大家更爱叫她「酱油女王」，掌管着整个酱园的大小事务。

有着近千年酿造历史的酱油，作为调味品，在中国起源，又不断地在历史变迁中流转，最终传播到全世界。尽管不少地域都有酱油工坊，生产的酱油风味亦各有所长，然而要说到优质的酱油产地，绍兴就一定会名入其中。

地处长三角地区，浙江省的东部，地理风土决定了绍兴是发酵食品的天堂，著名的就有绍兴花雕。除此以外，同属发酵酿造的酱油无论品质还是名声都不遑多让，众多的酱油酿造字号中，"仁昌酱园"尤为突出。

位于绍兴安昌古镇的仁昌酱园，远在清光绪年间，亦即120年前就已经开设。小镇旅游的发展，让这家酱园成为到此必游的景点。酱园面积不算太大，可排满酱缸的晾晒场却令人无比震撼。一只只黑色陶缸，盖着尖尖的缸盖，在露天的酱园里承接着阳光雨露与风霜。陶缸透气，缸中的黄豆能感受到四季的变化，就这样慢慢发酵熟成。

酱油看起来大同小异，可细究下才发现个中世界千变万化，不同地域的匠人有各自对风味的理解，并有着充满特色的酱油酿造方法。

一缸缸黄豆在阳光雨露下发酵熟成。

每天天没亮，老师傅就已经在酱园里忙碌了，还是保持老传统——古法压榨。

在绍兴，最具特色的酱油就是"母油"，这是当地的传统调味料。在仁昌酱园，更是将母油的特点发挥到极致。

母油，实际的名称叫母子酱油，之所以用"母子"为名，有特定的原因。酱油压榨大多是以水来混合酱，然后再压榨，如此制作的酱油味道清冽，富有咸鲜的甘甜，装瓶后就成为"头抽"。而母子酱油是用头抽来代替压榨时加入的清水，换来的效果就是压榨出来的酱油，酱香味更浓郁，味道也更鲜美。浓郁的风味来自大豆近一年在风霜雨露中的发酵熟成，历经四季中冬季的寒冷、春天的升温、夏日的暴晒，黄豆在缸中慢慢发酵、出汁、蒸发、浓缩，直至秋天干燥凝聚。从酱饼到酱油，以头抽代替清水，不止使酱的香气鲜味越发浓郁，相比以咸鲜味为主的酱油，母子酱油更多出一股柔和的质感和微甜的回味，此中蕴含着酱与酱之间彼此调和互补平衡的独特法则。

酱缸需要经常搅拌，以判断是否可以压榨酱油。

相比其他酱园工业化大批量生产以不锈钢容器发酵制作的酱油，仁昌酱园依旧坚持以传统的古法进行酿制。尽管产量无法与工业量产相比，但好滋味会在品尝时被味蕾发觉。使用传统大缸发酵，每天定时人手翻缸，使得酱的发酵更完整，成熟度亦更高。

正因为是手工制作，为了不辜负这番功夫与辛苦，选料上亦须上乘且严格。大豆是来自东北的非转基因大豆，贪其颗粒大，蛋白质含量高，豆香浓，发酵时鲜味转化最理想。尤其在蒸制过后，豆子散发出的香气，便能一下子感受到。小麦粉则要精制脱去麦皮的，在拌料制作时发酵才能均匀，并与黄豆融合，使鲜味彻底渗透到酱中。

酱油一滴滴榨出，酱香充满整个压榨间。

严格来说，传统的酱油是由经验老道的匠人利用先天风土的特性制作出的产物。细味下，就能发现味道中带着复杂又美妙的层次变化，咸味中夹杂着微妙的甜，又逐渐转变为一丝微微的酸，还有焦香的苦涩与久久不散的鲜。若非要以笔墨形容酱油入口的层次感，或许就如一滴墨化入水中，缓缓氤开一般。

酱油青菜汤

酱油炒面

红烧鲫鱼

酱油醉蟹

开瓶前，可以稍微摇晃一下再打开，一股来自黄豆发酵的酱香扑鼻而来，那股独特又富有食物原始发酵气息的香味，顿时与批量生产的同类产品拉开了距离。

要说母子酱油最大的特点，除了贵，就是高品质，还有多用途的特性。由于是以头抽代替水来萃取，所以其色泽红亮，味道上凸显了黄豆的酱香气，鲜味偏醇厚。如果说生抽走的是纤细风格，那么母子酱油就是浓香馥郁，像丝绒般顺滑。当地人用来蘸白切鸡、白切羊肉等菜品，酱香与咸鲜，简单直接，能凸显食物本味。即便是清淡的白煮蔬菜，淋上少许，汤汁立刻变得鲜甜无比，堪比高汤。

作为烹饪上色的老抽，母油更优胜不止一筹，当地有道名菜叫"母油船鸭"，使用的正是母子酱油。除此以外，几乎江浙地区绝大多数的红烧菜，之所以色泽红亮，带有浓郁的鲜香味，肯下本的一定有母子酱油在背后的功劳。

如果厨房里只能有一瓶酱油，那我一定推荐这款母子酱油，既全能，又美味。🅣

白斩鸡少不了一碟好酱油

小馄饨也需要酱油来调味

### 面糕母油

以优质黄豆与小麦粉手工制作，经过一年熟成，开瓶后立刻散发出浓郁的酱油香气。咸味平衡，口味不过咸，有明显的鲜味余韵。用来做蘸碟最能发挥其优点。

色泽 ◆◆◆◆
咸度 💧💧💧
香气 ◆◆◆◆
鲜味 ◆◆◆◆

### 土造酱油

第一道压榨的酱油，亦即"头抽"。色泽在酱油中属于偏清淡的，鲜味细腻，回味带一丝甜，优雅的风格，适合搭配海鲜。

色泽 ◆◆
咸度 ◆◆
香气 💧💧💧
鲜味 ◆◆◆◆

### 黑豆酱油

属于酱园较为新颖的酱油产品，以黑豆取代黄豆酿造。质感浓厚，香气细腻浓郁，回甘度更高。适合烹调，也适合作凉拌菜调汁。

色泽 ◆◆◆◆
咸度 💧💧
香气 ◆◆◆◆
鲜味 ◆◆◆◆

# 真的

以前养牛，要养个好几年，牛慢慢长。如今一头刚出生的牛，从出生时的三十多公斤迅速长到五百多公斤，只需十四到十六个月。牛只加速长成，是因为摈弃了稻草等天然饲料，改用大量玉米等合成饲料，玉米热量高，大量进食可快速增重，脂肪比草饲牛更多，肉质软，脂肪香。但问题是肉的味道其实不太天然，脂肪太多也不太健康。

总会有厌倦人工味道的时候，近年来，越来越多的人喜欢上以昔日天然古法放养的草饲牛，它们吃天然牧草，运动量充足，脂肪适中，肉质粗犷，肉味浓，能真正吃出天然原始的牛肉味。

# 很牛

爱吃牛肉，于是喜欢找各种不同的牛肉尝试。从国产本地牛到日本和牛，再到美国安格斯牛肉、智利和牛、阿根廷牛肉，草饲的谷饲的，一个一个挨着尝。

牛肉品类越来越多样化，做法也更多元，串烧、烤肉、牛排、铁板烧，连面条都可以用牛骨汤挂帅，各路餐厅也是各种新食法登场。

牛肉作为传统食材，仍然推陈出新，不断有惊喜。

# 草原

寻牛人

有些人将和牛的肥美细嫩当作

极致来追捧，但也有人认为现

在的牛肉正在失去野性的味道

和质感，于是去追寻牛基因中

那浓郁的本味和粗豪的口感。

顾磊，在内蒙古东乌珠穆沁旗，额仁高比苏木以北五公里处的呼勒斯嘎查经营着蒙式民宿，地处偏远，只有 4 个蒙古包，草原天然的生态环境每年都让这 4 个竖立在边境附近的蒙古包成为圈内的热门地。偏远的好处是安静、远离人烟，短处就是好山好水好无聊。在餐饮方面，顾磊说除了牛羊肉与简单的几样蔬菜以外，似乎乏善可陈。既然没有变化，就想办法把手头有的特色做精，尤其不少客人回家后都联系顾磊，表示对在营地吃到的牛肉的浓郁香气念念不忘，希望能帮忙代购。

牛肉好吃，是因为顾磊在营地为客人供应的是草原上的古老品种——天生自带棕红的毛色而被称为"草原红"的土牛。这种土牛的角修长立挺，天性憨厚温顺，被当地人戏称为笨牛。其体型比外来的牛小得多，可蓄养起来的时间却很长。牛的身材小，在草原生活，散漫自由，运动量又大，相比工业化的饲养方式，自由放养的草原红，肉质更显粗犷，天然草饲带来的结实肉质里，蕴含着浓郁的牛肉味。

时代更替，草原上也逐渐多了像安格斯、西门塔尔以及夏洛莱等外来品种的牛，牧民也逐渐转向养殖这些个头高，长大快，能带来稳定收入的品种。但相比外来品种，顾磊更执着于"草原红"，他认为这是草原的独有基因，大草原养育的滋味绝非城里的牛肉可比。

如此执着，自有他一番道理。在口味上，由于牧民在草原上放其自由采食，草叶细胞叶绿体中的胡萝卜素和叶黄素会在牛的体内积聚，使得草原红的肉上覆盖着一层金黄色的脂肪。若非要与脂肪雪白的谷饲牛对决，富有更厚重和复杂风味结构的草原红无疑优胜不少。要以城里人的标准，无论是煎牛排还是涮火锅，都一概松软细嫩，可草原红的质感韧、有咬口，其浓郁的肉味恰如草原大汉，风格豪迈。

可能是出于经济价值的原因，这款草原上的原生牛种正渐渐被外来的品种所取代，只有一些牧民因为配种成本过高，还在继续自然牧养"草原红"。为此，每临近冬季，顾磊就开始托身边的朋友在边境线周边寻觅草原红的踪影，一旦打听到哪家牧民有牧养，就立刻用现金采买。

有了牛，处理依旧是个问题，尤其是屠宰分割，动辄以吨计算。起初加工厂都嫌顾磊的订购量太少，根本懒得接洽。后来在身边朋友的一再引荐沟通下，看到顾磊充满诚意，才勉为其难地答应帮忙加工。所以顾磊给客人邮寄的都是5公斤的大包装，原因就是工厂只能当作批发来加工，绝非超市里那种精细切割的小包装。

份量粗豪，却一点都不影响客人们的捧场，按顾磊的话说，好肉不光值得吃还值得囤。确实，每年10月末顾磊撤下蒙古包民宿的时候，反而进入了最忙碌的阶段，因为秋末冬初正是草原宰杀牛只的旺季，电话里记录着一长列向他买肉的"waiting list"。

从住过蒙古包，尝过牛肉的客人开始，逐渐扩散，短短三年间，订购量也从最初的一两百斤增加到如今的近千斤。然而，让顾磊无奈的是近年来草原红的畜养规模不断收缩，越来越难寻觅，原本是草原上的主角牛正逐渐变得小众。幸好通过几年来客人间的口碑传播，顾磊积累下一批稳定忠实的粉丝，也使他能聚集一群特地为他供应草原红的牧民，使得供销之间逐步平衡。

切割上只分胸口、牛腩与牛肋排三个部位，虽没外面市场分得那么仔细，但这三个部位却是整头牛最精华的部分。肉好，怎么料理都不会差，顾磊永远建议放在水里炖煮，还会再三嘱咐一点香料都不要放，避免抢去牛肉的味道。"水里就放葱姜，煮2个小时，吃的时候蘸一下草原的野韭菜酱，就能完全体现出牛肉的本味。"按顾磊的话说，这滋味粗中有细，就是草原的味道。

牛腩

牛腩的横切面

牛肋骨

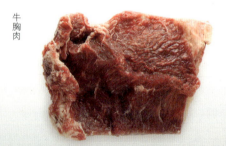

牛胸肉

大口吃肉，大口喝酒，是草原人的饮食风格，豪放又爽快。

同是白煮，部位不同，呈现的味道也是各自精彩。牛胸口瘦肉比例多，肉味浓；牛肋排带筋膜，口感爽脆；牛腩半肥瘦，散发着丰腴的脂香。顾磊最推崇原件煮熟后上桌，吃的时候用小刀切下，质感原始，充满了肉脂的层次与鲜香。在草原上采摘并腌渍的韭菜花更是牛肉的绝佳蘸料，腌渍后发酵的韭菜花辛香扑鼻，不仅能提取出牛肉里的鲜味，还能解油腻，口感咸鲜有个性。

草原偏远，但难免也会受到时代变化的冲击，顾磊以不变应万变，夏天在边境守着蒙古包，秋冬就向牧民寻觅草原红。他最大的愿望就是把草原红发扬光大，保留当地牛的基因，好让时代对这里的影响再慢一点。

口味粗犷的韭菜花，用来配肉，不仅解腻，更能帮助消化。

曾几何时，国内几乎每家日料店，尤其是日式烧肉店的菜单上，都将雪龙黑牛作为高端牛肉，雪龙黑牛一度成为国产牛的骄傲。历经大热的追捧和因经营不善濒临破产的低潮后，如今又顽强地在市场上默默崛起。

# 国产雪花牛

# 风云再起

位于北京密云区紧靠潮白河畔一处不起眼的拐角处，是养牛人耿国富的一方天地。进入牛场，一路步行，先映入眼帘的是一片带顶的大棚，棚里有近 20 头毛色黢黑的黑牛安静地立着，个别几只在散步，一发现有人靠近就会与你警惕对视。

眼前的黑牛就是曾经大名鼎鼎的雪龙黑牛，一度风靡国内高端餐饮市场，并被视为雪花牛的明日之星。但后来由于整体的经营战略变化，加上遭遇澳大利亚、智利以及美国等各种进口牛肉的冲击围攻，国产雪龙黑牛无论是价格还是营销方式，都逐渐失去了优势。

空间宽敞，牛只可以活动散步，不似工业化养殖那样拘束。

面临业务大减，逐渐影响到公司营运之时，耿国富选择咬紧牙关挺了下来。为了强化自身的优势，同时节省成本，耿国富开始选择以合作养殖的方式与各地农民接触，并对有兴趣养牛的人传授雪花黑牛的养殖之道。这对耿国富来说是一个心理跨越，因为在过去，雪花牛的养殖方法一直是他们秘而不宣的技术。稍懂雪花牛的人都知道，养好牛的因素一方面是品种的先天条件，另一方面就是后天的饲养方式，两者相较，后者更为重要，"养殖管理对雪花牛肉的品质来说，功劳占 80% 以上。"可想而知，将花费多年心血，甚至重金邀请日本专家共同研发的一套心得公诸于世，对耿国富来说是多么艰难的决定。

一心要将国产雪花牛养殖进行到底，通过公开技术以代养回收为合作模式无疑是降低成本的最佳选择，既然决定了，耿国富就开始了对合作者漫长而艰辛的培训之路。

在养殖雪龙黑牛之前，耿国富曾在与农业相关的国企中任职，主要负责饲料，因此他深谙养殖与管理的重要性。"你给牛吃什么，什么时段吃，每次吃多少量，里面的学问大着呢！"

牛小排

腹肉

曾有一段时间，市场上充斥着各种雪花牛，大部分的牛肉看起来布满了斑驳的雪花纹路，可真要吃起来却没有一丝脂香气，纯粹是一泡肥油，越嚼越绝望。"说难听点，就像在吃塑料。"

牛肉的品质、味道直接与牛的生活状态息息相关，纯粹用大量高蛋白饲料外加少运动的圈养方式来催肥，毫无技术含量。如何让牛肉吃起来充满好味道和质感，是萦绕着耿国富大半生的课题。

问到饲养雪龙黑牛的奥秘，耿国富倒是毫不遮掩地说饲料中除了玉米、草料、黄豆以及米糠以外，他还会专门从啤酒厂采购啤酒酿造后的酒糟。这些饲料大部分养牛人都不陌生，然而每种饲料的配比、处理加工方式以及不同季节的调配方法就大有学问了。就像大豆是生还是熟，草料如何混合，个中奥秘既结合了日本专家的指导，也蕴含了多年实践摸索出来的经验。

饲料配方加上管理方式，如同结合心法的独门秘籍。耿国富说，只要严格按照方法执行，就能通过后天的努力养殖出优质的雪花牛。

S 里脊

但这是否意味着非和牛品种亦能做到雪花肉质？"是，也不是。"尽管通过后天的管理培育能将普通品种的牛养出雪花肉质，但成本相对较高，就如同将缺乏天赋的选手通过训练拔高成绩，亦要付出相应的代价。

为了保证肉质的稳定性，又要考量成本，耿国富会折中选择以和牛为父系，结合本地优质牛种培育下一代，整体的效果就优秀得多。唯一的问题是，需要通过实践来判定到底哪一款牛种最能满足要求，"既要保证雪花纹路要细致、肉质要稳定、肉味要浓，同时生长速度又要合理控制。"这样的理想状态需要长时间的观察才能有定论。

牡蛎肉

碍于成本，耿国富现阶段只能做到一代雪花牛的配种培育，要培育出真正属于自己的品种，是他一直的梦想。"培育自己的专属品种，要父系母系各有三代以上才能逐步稳定，虽说是三代，但作为一个新品种，个中涉及的时间、心血、成本，除了努力，还有很多天时地利。"

曲廊院的创意菜品，化繁就简，将M7级黑牛肉切成小立方块，煎熟，雪花相间，但并不是密布的那种，而是像大理石那样疏朗的纹路，肉有肉味，口感圆润。酱汁可以自由发挥，搭配蘑菇酱，黑松露低调内敛，有深秋自然的气息。

以合作养殖的模式重新积累牛肉的产量，严格地将牛肉的品质做出品牌化品质标准，细分后的10个雪花级别，以细化的价格销售到渠道。切割方式上，既有日式，又有西式，满足不同客户的餐饮需求。"我们现在连涮火锅的肥牛片都有。"产品多元化后，果真吸引了不少日系餐饮以外的餐厅的青睐。比如北京著名的创意餐厅曲廊院就认为这款国产雪花牛比进口的同品类明显品质优越。

"主要是肥瘦结合得非常细腻，肥肉部分能吃出明显的牛肉味道，而不是简单粗暴的一股肥油。"餐厅主理人六哥说。

能将肥肉部分变得依旧有肉味，就要归功于饲料的配比。虽说国外的雪花牛在脂肪比例上更高，在生肉呈现视觉上更吸引人，可吃起来缺少了该有的风味。"要是一味地喂食大量谷物和高蛋白，蓄肥当然不难，问题还是在管理上。"

雪龙黑牛每个部位吃起来都带着浓郁的牛肉香气，瘦肉包围着脂肪，经过高温炙烤，梅纳德反应使得牛肉吃起来软糯中带着脂香。与国外的和牛相比，绝对有着一较长短的实力，况且在价格上更有优势。

问到耿国富会不会觉得雪花牛属于外来物产，他有趣地回答说，洋葱、茄子，还有辣椒在过去也属于外来产物，可到了国内接受了当地风土的培养，如今被进一步发扬光大，雪花牛也是一样。"哪怕品种相同，可每个地方的人们口味习惯不一样，自然就会有变化。"对国产的雪花牛，耿国富认为雪龙黑牛已经完成了80%的工作，他最大的愿望就是能尽最大的努力逐步将品种提纯，将雪龙黑牛先天的部分彻底补全。"只有这样，才算是100%真正的国产雪花牛。"

## 寿喜烧的燃烧之魂

京城日料"御三家"鮨然旗下的锅物料理——燃锅，其主打的寿喜烧在选料上自有其与众不同之处。

日本的寿喜烧在做法上分为关东和关西两种不同的风格，前者较为简单，将所有食材码放在锅中，倒入汤汁，直接加热食用，符合关东人的直爽性格。

关西寿喜烧则原属古时农民在锄头上烧烤肉片的"锄烧"，后来演变为在薄铁锅上直接煎煮的风格。两者最大的区别在于关西的做法，侍者会将牛肉加少量的寿喜酱汁，在客人面前按生熟要求煎煮，半煎半煮的方式带出牛肉本身的脂香气以及鲜甜回味。

作为灵魂主角的牛肉，更是精挑细选了西冷、上脑、三筋以及嫩肩四个部位，这些作为和牛中最高的M12等级亦分别表现了浓郁、细腻、爽脆与嫩滑的口感。这种先煮后锅的无汤方式，讲究的就是对时机和火候的把控，方可将M9级别的和牛潜质更好地呈现。

煎一块跟扒房出品一样好的牛排，不难，有一块对的牛排就成功了一半。肉眼柔软，里脊细嫩，西冷筋道有肉感，但无论哪个部位，都切忌从冰箱取出后直接烹制，过低的温度会抵消煎锅的热力，这样烤熟的牛排，肉质就会变得温吞吞。所以建议在室温下让肉质回温，待肉纤维松弛后再烹制。

在煎之前，可以用松肉针扎一遍，使肉质的纤维断裂，这样煎烤后质感更为松软。对煎锅的要求，最好用铁锅，因为传热的速度较快，有更好的炙烤效果。

当牛排两面都被热锅烤成棕色，这时就可以投入一块黄油与一小捆百里香，用汤勺将融化后的黄油淋在牛排上，让肉能进一步吸收香草与黄油的香气。

待黄油的颜色变深，就可将牛排夹起，等约5分钟，使肉汁回流，即可上盘。

这样的牛排，肉汁饱满，筋道与柔软并存。

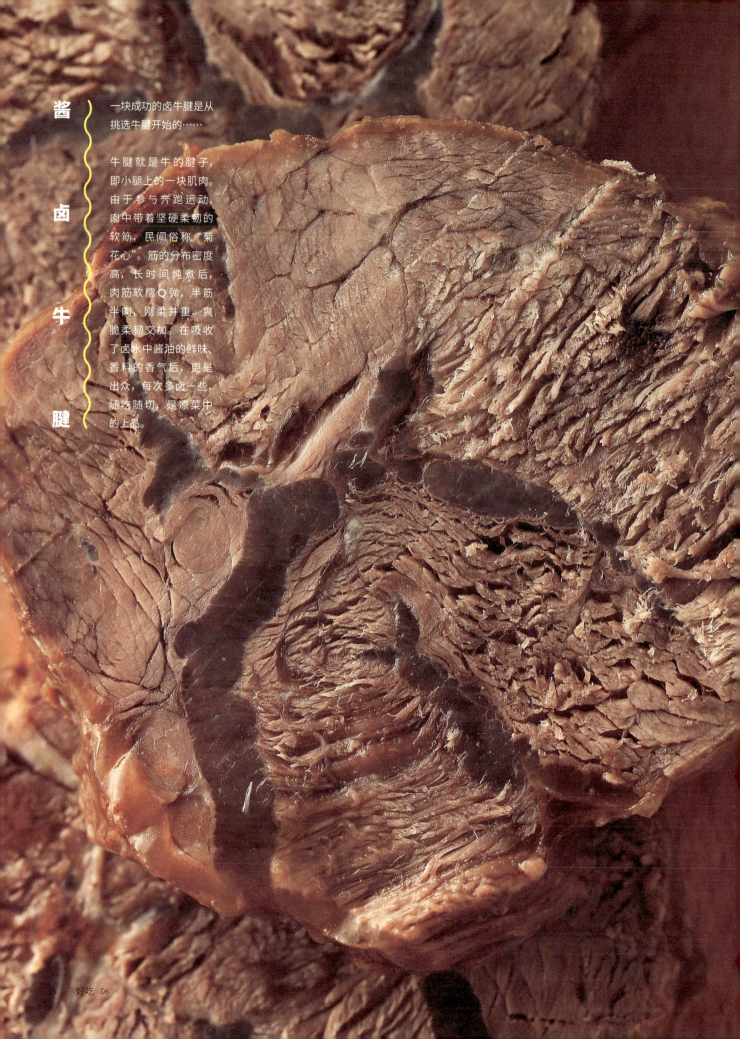

酱
卤
牛
腱

一块成功的卤牛腱是从挑选牛腱开始的……

牛腱就是牛的腱子，即小腿上的一块肌肉。由于参与奔跑运动，肉中带着坚硬柔韧的软筋，民间俗称"菊花心"。筋的分布密度高，长时间炖煮后，肉筋软糯Q弹，半筋半肉，刚柔并重，爽脆柔韧交加。在吸收了卤水中酱油的鲜味、香料的香气后，更是出众，每次多卤一些，随吃随切，是凉菜中的上品。

# 牛尾的甜蜜故事

牛肉的奇妙在于每个部位都各有特点。烧烤，肉味浓郁的西冷、细嫩的肉眼以及柔软的里脊最适合。至于炖煮，有肥美的牛腩、筋道的牛排，还有糅合了筋、肉、骨的牛尾。

牛尾天生需要不停摇摆，肉质纤维中带着肉筋，炖煮后肉筋化入肉中，肉味浓厚，胶质饱满。

细火慢炖，使坚韧化为柔软，清炖本味，红烧浓香，黄焖厚重。名厨大董更是别出心裁地以蜂蜜、桂圆与牛尾做搭配。牛尾丰富的脂香气因蜂蜜的花香气变得柔和，咸甜交错，味道亦有层次。

出品／大董餐厅　图片／大董

# 必吃

牛 浑 身 皆 好 吃 ，
若 要 细 分 ，
这 9 个 部 位 各 有 千 秋 ，
不 可 错 过 。

产 品 提 供 / BHG Market Place

# 9PART

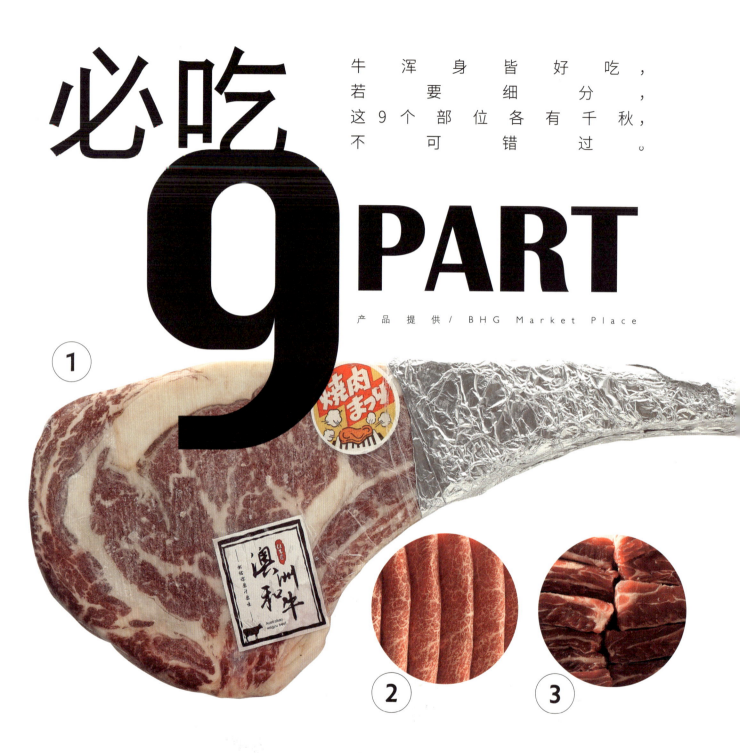

## 1 战斧牛排

不少牛排餐厅都以超大份的战斧牛排作为招牌。之所以叫"战斧"，是因为牛排形似印第安人的战斧，又有显示力量与自由的含义。一开始从澳大利亚兴起，之后逐渐在国内盛行起来。整块牛排来自牛肋眼并连着骨头，总重约1公斤的肉骨，上桌时充满了视觉冲击力，也满足了对大口吃肉的想象。

## 2 上脑

上脑指的是牛后颈部上侧，牛头位置到前脊椎上部的肉。此部位在肩颈部靠后，脊骨两侧，脂肪分布均匀并伴随着大理石花纹，口感绵软，脂香浓郁，适合涮火锅以及烧烤。

## 3 牛肋排

顾名思义，就是带肉的牛肋骨。肉中带筋，口感柔韧带脆，大部分人会用其炖汤和红烧。若够细心，可将切段的牛肋排肉沿外围慢慢片开，片薄的肉用来烧烤，肉汁丰满，质感肥美。

## 4 里脊

牛里脊肉是脊骨上的一条瘦肉。平时运动不到，肉质细嫩，属于牛排里最贵的一部分。适合细切爆炒，也可以直接煎烤，质感嫩滑。

## 5 肉眼

近肋骨末端的一部分，因肉中有一块圆形的脂肪，故称肉眼。这部分肌肉不会经常活动，所以肉质柔软多汁，均匀地布满雪花纹脂肪，带牛脂香味。

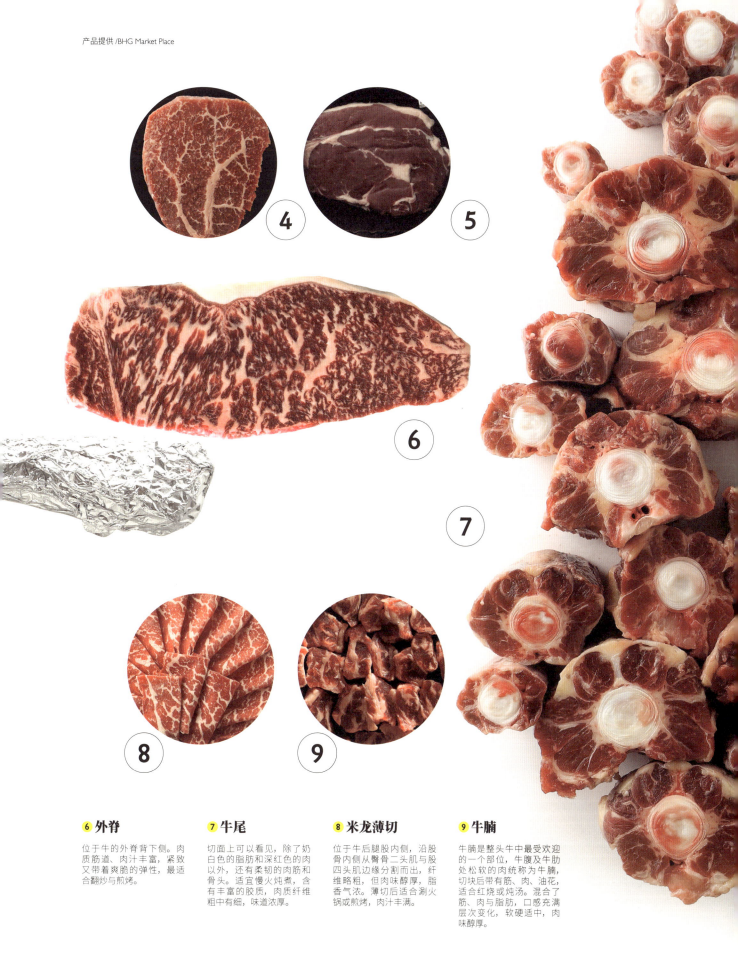

### 6 外脊

位于牛的外脊背下侧。肉质筋道、肉汁丰富，紧致又带着爽脆的弹性，最适合翻炒与煎烤。

### 7 牛尾

切面上可以看见，除了奶白色的脂肪和深红色的肉以外，还有柔韧的肉筋和骨头。适宜慢火炖煮，含有丰富的胶质，肉质纤维粗中有细，味道浓厚。

### 8 米龙薄切

位于牛后腿股内侧，沿股骨内侧从臀骨二头肌与股四头肌边缘分割而出，纤维略粗，但肉味醇厚，脂香气浓。薄切后适合涮火锅或煎烤，肉汁丰满。

### 9 牛腩

牛腩是整头牛中最受欢迎的一个部位，牛腹及牛肋处松软的肉统称为牛腩，切块后带有筋、肉、油花，适合红烧或炖汤。混合了筋、肉与脂肪，口感充满层次变化，软硬适中，肉味醇厚。

# 牛问牛答 A to Z

### A 阿根廷 Argentina

爱牛之人一定不会错过阿根廷的牛排，作为牛肉大国，阿根廷具有天然的放牧条件，牛肉脂肪含量少，却拥有浓郁的肉味，不可错过。

### B 牛肉丸 Beef Ball

潮汕人爱吃牛肉，也掀起了一股潮汕牛肉火锅的热潮。要数最出名的，就是当地的手打牛肉丸。用铁棍不断将牛肉捶打成肉糜，再以热水定型做成的牛肉丸，胶质丰富，爽脆弹牙，肉质纤维没被破坏，煮熟后的肉丸还有丰富的肉汁，蘸当地的沙茶酱，别有一番风味。

### C 切割 Cut

牛肉吃得极致，对其讲究不再限于产地、农场、血统品种和熟成方法，部位的切割同样重要。好的肉铺都会配备一位熟悉肉类切割的师傅，他们熟悉牛肉每个部位的特点，善于切割，是肉类专家。牛肉的切割因应不同的料理，方法也大有不同。

### D 干式熟成 Dry Aged

肉类就像葡萄酒和奶酪，也讲究熟成。一般来说，牛经屠宰后，置于特定的温度与湿度下，牛肉里的酵素就会发挥软化肉质的作用，蛋白质转化为氨基酸，吃起来就有了风味。

熟成分干、湿两种，湿式熟成是将牛肉真空包装并在0℃环境下保存3周，运输期间不影响熟成，特点是节省时间、成本低，可对肉质的提升没有太大帮助。D.A干式熟成，是将大块的牛肉放置在控温控湿的空间中熟成。时间越久，肉质越柔软，肉味随之逐渐浓郁。熟成后的牛肉富含果仁气息，令尝过的人为之倾倒。

### E 法式牛排 Entrecote

属于法式牛排切割最常见的部位，位于牛肋骨附近，与肉眼牛排类似，吃起来比较有咬劲。"Entrecote"亦是法国人对扒房的称呼。

### F 饲养 Feeding

牛肉的肉质取决于饲养环境，草饲好还是谷饲好是个没有答案的问题。喜欢肉味浓厚的，大多是草饲的拥趸。肉质柔软爱好者，追求的则是谷饲带来的肥美和如雪花般的脂肪。草饲牛大多为放养，对环境条件更有要求，谷饲牛则侧重谷物饲料的配方配比以及饲养方法。

### G 烤 Grill

对于牛肉，最常见的料理方式就是烤，利用高温将肉汁封锁，进而使肉中的脂肪通过梅纳德反应慢慢释放出香气。烤的最佳方式无疑就是炭火烤制，烧红的炭，热力直透肉质，同时木炭燃烧后的香味会依附在牛肉上，达到烟熏的效果。

### H 牛肉火锅 Hot Pot

牛肉火锅中最出名的就是几乎能涮整头牛的潮汕牛肉火锅，快速氽煮，使牛肉不同的部位有着各自的味觉呈现。简约的料理方式，呈现不同部位的肌理质感，使肉质风味的特点变化更具体鲜明。

## I 互联网
### Internet

过去买牛肉，不是去市场就是去超市，如今互联网的大势，让线上也多了卖肉专门店。有多家线下体验店的"Meat Mate 鲜食肉铺"，走的是西方"体验式购买"路线，一方面客人可以在店里选购牛肉，当场烹调品尝，现在亦可通过线上来挑选。创始人有着多年从事生鲜肉类的行业经验，进货资源有优势，牛肉种类不少，有美国安格斯、新西兰谷饲以及澳大利亚 M9 和牛。除了肋眼、西冷以及里脊（菲力）等典型的牛排部位外，还有火锅肉片、牛肉串和牛尾等偏中式烹调的切割。

牛排全部为冰鲜，整体价格合理，一片 200 克的新西兰西冷亦百元左右，高出坊间的性价比。加上供应链稳准可靠，使其成为不少美食圈内人士买肉的首选。

## J 饺子
### Jiaozi

饺子当之无愧是北方美食的代表之一，以牛肉为馅的饺子更是花样无数。"吉食争鲜"这款近期兴起的小众饺子品牌，以优质牛肉馅手工包制为卖点。100% 纯牛肉制馅，用无化学添加的面粉作皮，煮熟后有丰富的汁水溢出，调味上足够鲜美。作为一款冷冻水饺，无疑是高品质的表现。

## K 刀
### Knife

一把好刀是对优质牛排的尊重，锋利的好刀不仅切起来顺畅，而且切口平整，不会破坏肉质纤维。相反一把钝刀则会"磨"肉，在拖拉之间使肉汁流失。所以一家牛排餐厅，如果使用的牛排刀相当专业，那么他们对牛排的诚意也不会差。

## L 本地
### Local

不同的风土孕育不同的物产，世界上也有很多著名的牛种。意大利的皮埃蒙特牛 (Piemontese), 西班牙的加利西亚牛（Rubia Gallega）以及日本神户的三田牛等都是当地引以为傲的名牌牛种。国产也有好牛，分布在陕西与甘肃一带的秦川牛就是历史悠久的著名牛种，据说养殖历史可追溯到汉朝时期，牛肉自带雪花肌理，一直作为高级品种来养殖。

## M 马克·史盖兹克
### Mark Schatzker

《全球顶级牛排纪行》一书，由著名专栏作家马克·史盖兹克（Mark Schatzker）撰写，书中记述了其周游世界探寻有关牛排的经历，涉及牛只配种、血统历史、大理石油花、草饲或谷饲方式，以及风味化学等与牛肉有关的知识。文字幽默动人，极致表现出一个牛肉狂人的专业和有趣。

## N 营养
### Nutrients

牛肉营养丰富，能增强体质和免疫力，加速新陈代谢。牛肉中的锌含量比鸡肉多 6 倍，比金枪鱼多 13 倍，铁含量是菠菜的 14 倍。加上牛肉中的高蛋白质蕴含了多种氨基酸，对人体肌肉与骨骼的发育有极大的帮助。除此以外，牛肉富含维生素 B1、B2、B12、碘以及镁元素，可见牛肉天然的营养优势。

## O 有机
### Organic

随着生活水平的提高，有机牛肉在需求下应运而生。人们对牛的生长环境、喂食方式以及饲养的系列问题都逐渐正视。来自新疆的有机天莱香牛，是将当地褐牛在位处天山下著名的博尔塔拉牧场自由放养，配套专有的 3 万亩农场，并种植有机饲料来喂养，对牛来说自然就是天堂。牛肉在各大高端超市上架，尝过才知牛肉的本味原来如此。

# P 煎锅 / Pan

煎锅有很多种，选对了就说明离成功的牛排不远了，无论什么材质，都以传热快与散热慢为首选，因此铸铁煎锅就成为大部分人的首选。煎锅吸满热力，会先将肉汁封存，同时迅速地把肉中的蛋白质、脂肪转化成香气，避免水分流失，保证嫩度。

# R 生 / Rare

严格意义上，牛肉必须经过零下38°C低温处理，有害细菌、微生物全部被冻死后，生食才是相对安全的。一道生食的牛肉塔塔（Steak Tartar）在欧洲是非常传统的生牛肉菜品。

与用刀切细，再用蛋黄、烈酒和辣椒酱调味的牛肉塔塔（Steak Tartar）相比，用钝物捶打成泥的 Bututar 就属于更加传统复古的版本，只用盐和橄榄油调味，肉味鲜明，质感独特。韩国料理中的生拌牛肉，会拌入梨丝和芝麻，口感爽脆之余还带着清甜的余味。

# Q 问题 / Question

点牛排，一定会被问需要几分熟，每个人的喜好不一，若要以生熟程度区分，大多分为6种，五分熟是最常被选择的，而全熟的则不为侍者或厨师推荐。但如果就是喜欢吃全熟的，不妨大胆提要求，毕竟你才是吃的那个人。

极生 /Blue：
只在表面略微炙烤，内里全生，质感软，血味厚重，与吃生牛肉无疑。

一分熟 /Rare：
表层已经转成褐色，内里依旧血红，比极生的软糯质感多了一分层次。

三分熟 /Medium Rare：
褐色的比例加大，肉的质感因为受热逐步开始紧致，脂肪开始融化。

五分熟 /Medium：
切开后，可见肉质由玫瑰红变成浅粉红，肉的味道开始变浓，生熟交加的质感，使其成为大多数人的选择。

七分熟 /Medium Well：
肉质从软到紧的转化，仅剩一丝淡粉色，水分开始收缩。

十分熟 /Well Done：
切开可见牛肉的内心已经变成淡褐色，肉质硬实，味道浓厚。

# S 调味 / Seasoning

好的原材料遇到对的调味，就有了1+1大于2的效果。

清净园名家牛肉烧烤酱
有30多年历史的韩式烤肉酱品牌，内含苹果与菠萝等水果成分，水果中的酵素可以松弛肉质，也会让牛肉浸染上清爽的果香，甜咸平衡，口味自然。

Wowmama 烧烤酱
来自立陶宛的风味烧烤酱，以传统配方制作。用来搭配烤牛排，提鲜增香，咸、酸、甜，使牛排的味道更有层次。

九鬼胡麻油
来自日本三重县四日市的芝麻油老铺，从1886年创业至今，坚持沿用传统的压榨工艺，很好地留存了醇厚的芝麻香气，质感柔滑，熟成的程度恰到好处。

Wilkin Sons 棕酱
英国老牌酱料公司出品，精选番茄、苹果、葡萄干、橙子、柑橘与酸角混制而成。酸甜的味道能解开牛肉的油腻，很好地提升肉质的鲜甜。

京都祇园原了郭黑七味
诞生于1703年的香料老铺，其中最有名的就是"黑七味"——以白芝麻、黑芝麻、辣椒、山椒等为原料，精心制作，拥有独特的深茶色。香气复杂，充满层次感，为牛肉添加了一股温和的辛辣气息，一次即可体验七种顶级香料的美味。

清净园名家
专肉烧烤酱

九鬼胡麻油

Wilkin Sons 棕酱

# T 松肉器
## Tenderizer

令牛肉嫩滑多汁是一个料理命题。有人用猕猴桃、菠萝来腌渍牛肉，水果内含的酵素可以松弛肉质。但在物理方法上，一把好用的松肉器会简单直接得多。由尖锐锋利的小刃组成的松肉器会直接将肉中的筋膜切断，从而达到松弛肉质的目的。

使用时只需在牛肉的表面按压，细密的尖刃即会刺入肉中，破坏肉质纤维，使肉在煎烤后充满汁水，口感柔软细嫩。

# U 独特
## Unique

讲究个性的时代，吃得刁钻更是人们的终极追求。一份牛肉，西冷、肉眼、里脊早已被当作寻常。于是靠吊龙伴、三花趾、五花趾、脖仁以及胸口朥等生僻部位为招牌的潮州牛肉火锅突出重围，贪的就是各种精、细、小的部位带来的特色口感和滋味，亦彰显个性。

# V 葡萄藤
## Vine

炭火烧烤最大的魅力，就在于烧烤时肉能吸收木炭的烟火气，在法国、意大利的一些葡萄酒产区，人们更喜欢用葡萄藤来取代常规的木炭。葡萄藤燃烧后，会产生烟熏的效果，牛排经烧烤后会自带一股果木的香味。

# W 葡萄酒
## Wine

红肉配红酒的定律主要基于红酒的味道足够强大，单宁厚重，能压得住红肉的浓郁野性，可以化解肉中的油腻感。牛肉不同的部位，口味亦有变化，细嫩少肥的里脊，搭配以清逸果香为主调的黑品乐或者单宁细致的隆河谷的西拉会是一个不错的选择。肉味浓的西冷，与波尔多波美侯的梅洛恰好能彼此相配。至于油分比较重的部位，阳光充足的产区、果味浓厚的红酒品种就会是首选，如阿根廷的马贝克，里奥哈的丹魄与歌海娜。

# X 超级烤箱
## X-Oven

工欲善其事必先利其器的道理，大家都懂。对一块牛排来说，能在一台超级扒炉上浴火重生自是终极梦想。由精钢打造，外表像个大铁柜的"X-Oven"烤炉无疑是同类中的高阶。烤炉共分三层，每层温度火力不同，可以使牛排在不同的火候中加热。

尤其对类似"战斧"这类超大块的牛排，就更显效果。先从第一层烤起，将表面烤至焦脆酥香，封锁肉汁，再转到第二层利用热力慢慢烤熟，同时保证肉汁不流失。最后转至顶层，让肉松弛，使肉汁逐步回落到每一丝纤维中。如此烤出来的牛排，外焦里嫩，切开后还能看见丰富的肉汁。

# Y 牦牛
## Yak

近来除了和牛外，来自高原的独特品种——牦牛肉也随着物流的发达而逐渐被追捧。野生放牧，加上高原独特的风土，使牦牛肉的肉味浓厚又不带腥膻，炖煮后自有特别的香味和口感。另外，优秀的营养价值，也是其受欢迎的主要原因。

# Z 零难度
## Zero Difficulty

在家煎牛排，经常被误认为是种高难度的挑战，实际上只要注意以下几个要点，煎一块好牛排，难度就是零。

1. 牛排一定要在室温下放置回温，因为刚从冰箱取出的牛排温度过低，会抵消煎锅的热度，无法达到封锁肉汁的效果。

2. 每面煎1（3厘米厚）~1.5分钟（5厘米厚），便于锁住肉汁，再放入烤箱以180℃烤2~3分钟（3分熟）、4分钟（5分熟）、6分钟（7分熟）、8分钟（全熟）。

3. 烤好的牛排，静置5分钟再上桌，随着回温，肉汁会回流到肉质纤维中，避免马上切开肉汁流泻的情况发生。t

松肉器

京都祇园原了郭
黑七味

Wowmama
烧烤酱

总听人说：好看的脸蛋儿很多，有趣的灵魂太少，对此我不敢苟同。生活经验告诉我：好看的脸蛋儿远远比有趣的灵魂少多了。
所以，灵魂既有趣、脸蛋儿又好看的注定是极品，无论人或物。

# 大董，

大董，可以理解为一个国际餐饮界餐顶端的品牌，也可以理解为一位国际名厨。
作为餐饮品牌，是很多人心中一生必去尝试的餐厅。
作为名厨，以中国文人山水画入盘化菜的"大董中国意境菜"早已成为目前
中餐业界的美学现象，独树一帜的摆盘创意背后，是庞大复杂的美学思维。

# 食 色 性 也

步入位于"大董"南新仓店二楼的"大董美食学院"，这片由原来就餐区改造设计的新区域，一部分成为员工的办公区，另一部分则被设计成包含开放式厨房及演讲台的沙龙。

做餐饮的人看到都会心疼，餐厅的楼面寸土寸金，连角落里都想再放张桌子做经营，能决定将如此大的面积划为体验区，也是大董的任性。空间里最亮眼的部分，是一个为摄影而设的小展厅，看着不大，可陈列着的摄影器材，从可以拍月球的远摄镜头到拍食物的微距镜头，从佳能到哈苏，还有很多从香港地区收集的相机镜头，只要说得出就能找得到，甚至还专门设了一间冲洗胶片的暗房。所以坊间传说，大董在摄影圈比餐饮圈更出名，不是没有道理。

熟知大董的朋友们都知道，他对摄影可是真的资深发烧，从开始学摄影到现在，投入在器材上的花费少说也有 2000 万元，在他的办公室，还有一墙的镜头躺在恒温恒湿的柜子里。

我就是要追求美的意境

对摄影，大董早在 20 多年前就心有向往。镜头里的世界，通过仔细观察、静待，最终被快门在电光火石的瞬间捕获。成片一刻的魔力，吸引着他一次又一次地沉浸在人与物的心灵交流中，追求完美的天性，也使大董在厨艺与摄影之间不断地探索深挖。

与其说大董喜欢摄影，不如说他更追求极致的美。从开创"大董中国意境菜"开始，就希望通过料理来实现自身对美学的表达。过去的雕龙画凤，展现在现代人的盘中，则需要融入更多的思考。跟随季节的色彩搭配，自然意象既然能入画，就可以入器皿成菜。

这些思考和创意，来自大董内心的文人情怀与文化阅历，可更多的是来自镜头下对色彩与造型的实践积累。"味道再好，上桌的瞬间，外相要是不抓人，既是遗憾也是缺陷。"

现在很多厨师出门都会带着照相机，方便随时摄影，拍多了，不少厨师的摄影技术并不输于专业的摄影师。实际上这个风潮，就是多年前由大董在行业里带起的。那时候去的餐厅多，尝的菜也多，留下味觉记忆以外，也想记录下菜品的呈现方式，拍摄自然就必不可少。"记住好菜品的样子，温故知新，才能拓宽眼界自我提升。"

大董不仅自己出门随身携带相机，还给身边的团队每人都配备了一套相机。相机从佳能升级到尼康再到徕卡、哈苏，只要出门，一队人就会带着"长枪短炮"，跟着师父学摄影。起初，在厨房里挥铲颠勺的厨师们对摄影或多或少都有点不习惯，可时间久了，拍摄就由任务逐渐成了习惯，再接着拍，兴趣就出来了。

大董直言喜欢摄影 20 年，得到的一些经验不是靠什么理论，全都是实践而来，不仅自己，也要求徒弟们相机、镜头都能玩透。每个镜头都不一样，只有全都摸索透了，才能洞察"一个镜头拍所有"的奥妙。广角的可以拍特写，长焦的也能拍场景，很多人会觉得矛盾，其实当你懂得所有镜头的原理，会发现这些都不是完全被理论决定的，从而在摄影上，也获得了自由。

为摄影发烧

朋友送的礼物，3D 打印的大董人像模型，也是挂着相机的形象。

至于摄影对料理的呈现技巧是否能提升，答案是肯定的。摄影本身就是捕捉细节的过程，对细节一讲究，自然就会有要求。爱摄影，就从不担心别人怎么看——一个厨师为什么要去拍照？镜头里的色彩之美、构图之美，会潜移默化到盘子里。烹饪，叫皿中画，摄影能帮到它很多，厨师们通过玩摄影，料理的素养都提高了，不管是主动的还是被动的，重要的是实打实地发生了变化。要说他 20 年来对中国烹饪有什么影响，大董觉得有这样一个变化，足矣。

这也就解释了大董为什么能在当今业界拥有最顶尖的位置的原因。大董的菜品也被升华成中餐的新美学，引得无数同业的追捧和学习，也有更多的人受到了启发，开始通过摄影来一窥中餐摆盘的可能性。

每年《大董中国意境菜》的出版，就如大董在料理世界里的一次潮流发布，内容不单是菜品的新理念，还有对视觉美学的理解。

# 入坑容易出坑难

满柜子的相机和镜头，标识了摄影路上的每个阶段。

说起摄影，大董说这绝对是一个"坑"，"只要一开始就没有回头路！"

20 年前刚开始玩摄影，购入的第一台相机是美能达，由一部全自动的傻瓜机开始了这条"不归路"。之后是佳能，也是玩得最深入的相机品牌，从最初的 5D Mark II 开始，到添置完全系列的镜头，才敢说对构图和色彩慢慢有了感觉。镜头从 13-65 到 24-70，再到 70-200、28-300，还有如 35mm、50mm、100mm 微距的，到 600mm、800mm 远摄的。

研究透了偏暖色调的日系相机后，大董又开始对偏冷调的德系相机有了兴趣，于是添置了尼康，结果发现彼此的镜头是无法相容的，于是又从头购置了一整套尼康的镜头。真正的德味，是从徕卡和哈苏开始的，意味着又是整个系列的镜头都配备了一套。现在大董经常用的是哈苏 503CW 和 xld2，镜头配置了"电影头"和"夜神"，一心要往顶峰走去。

摄影之路，在不断地寻觅和购置设备中前进，能理解女人为什么总觉得柜子里少一件衣服，就能理解对于摄影装备控，柜子里可能永远缺少一只镜头吧。

熟知大董的朋友们都知道他对摄影的痴迷和发烧。

# 快门、炉火、人生，一息一瞬

"虽然同是现实，镜头里的世界却完全不一样，看到了就忍不住要在瞬间把这一刻留存下来"，如同大董常说的"火中取宝"，摄影讲究的也是在瞬息万变中对一刹那的捕捉，看起来好像是赶巧随意，其实却是无数次思考和试验后，长在身体里的下意识。

大董拍摄的月球

摄影让人如此着迷，就在于那神秘的"不可预测"，在某一刻抓住色彩和神情，无论是人物的生动，还是风光片的宏伟大气，都如法国摄影师布列松说的有个"决定性的瞬间"，抓住了这个你不可预测的瞬间，看到设想的东西变成现实，就会有一种特别的快感。

在刚出版的《大董中国意境菜·二十四节气》中，有一幅跨页的玉兰花图，大场景中，看似繁花杂乱，可焦点依旧清晰明亮，花的姿态怎么看都是在那个瞬间最美，图片仿佛有语言，会传递情绪，会诉说内心。"其实这就是餐厅楼下的一棵玉兰树，很多时候美就来自身边的平凡，看你抓不抓得住。"

《大董中国意境菜》，不止是菜品的呈现，更是一种艺术的呈现。

古人说"食色，性也"，大董的照片里，流露出他对美好事物喜爱的自然天性。从莫奈花园里的一朵睡莲、蒙古的草原、江南的黑瓦、高山流水，到森林海边，天南地北追寻，记录下难忘的味觉记忆、日出日落、人生一瞬。这么多年来，要说料理属于大董专业思维的表达，那么摄影就是他对美学的领悟与总结。

当大部分的同业认为只需要把菜做好时，大董却一直深思在菜品以外还有什么可能，通过摄影的启发，使大董如同棋子跳出了棋盘，发现了色彩与意境的无限可能。

# 料理、摄影、色彩

既然成为同行争相学习的标杆，又不断有业界来邀请做经验分享，大董就把多年积累的厨艺与摄影心得编撰成一本《大董烹饪色彩学》，相比每年出版的《大董中国意境菜》，这是一次以学术的方式，来细论料理美学的具体实践。

摄影对大董来说已不能用痴迷来形容，而是成为了一种生活习惯。近年他又返璞归真，由数码相机回到了传统的胶片相机上，为的就是感受胶片相机呈现出来的那种无法被取代的质感。

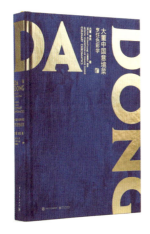

《大董烹饪色彩学》，将烹饪与色彩的关系形成了学术理论。

"有些东西让人着迷，就在于不一样的呈现。"就像他面前的哈苏 503CW 相机，手感厚实，快门声像极了美国加兰德步枪自动换弹夹时的声音，极强的色彩还原能力，让人欲罢不能。这就是人与器物之间最直接有形的交流，好东西让人爱不释手，好事物使人铭记。

料理、摄影、书画，对大董来说，都是用来表达内心的工具，无论从事什么行业，内心的丰富程度决定了高度，音乐家、画家、厨师、艺术家彼此间都没有分别。能将心里磅礴的山水意境，通过摄影、厨艺化入方寸之间，正是大董一直在探索的话题，有朋友特别以"山水皆心地，君子即庖厨"两句话相赠，就说明品位境界不在炉火一瞬，也不在快门一刻，而是早就存于大董的心中。

# 养十方人

# 一方净土

人生短短，时光有限，一生能有多少个8年？可偏偏在古稀之年，还有人愿意花费8年的光阴，静待土壤的净化流转，来证明有机农业的可行性。

归

农

初秋，菏泽市鄄城县的一片农田里，树上挂满了逐渐饱满成熟的果实，地里的黄豆已经在豆荚中自然风干，待吸收完土壤里最后一波风味和养分，就可以采收了。

细心观察，这片农田虽有被管理的痕迹，可作物与杂草共生的样子，与平常规整划一的农田大相径庭。"自然的土地就该有草共生，土壤因草而健康。"出来迎接我们的是一位精神抖擞的老人——陈安生，说起这片土地时，满脸的殷切之情。

陈老出生于鄄城，当过兵，后来又从事了一段时期的贸易工作，退休后本该在加拿大静享时光，却因为回国后生了一场莫名其妙的病，使他重新回归农田，开启了另一段人生。"当时全身出了原因不明的疹子，去了多家医院检查也没找到病因。"直至一次遇到一个老医生让他不用继续寻医后才知道前因后果。"当时，这位医生说很有可能是农药残留在身体里引起的不适反应。"

农场里，果树与杂草共生，陈老并不焦虑杂草会与作物争夺养分，反而认为有杂草才会有生命力。

听到这样的说法，陈老不仅震惊，也忽然醒悟，原来吃饭一事如此重要。而近年来全球范围内农业种植中使用化肥、农药、除草剂后的残留，对身体的危害渐趋明显。于是陈老拜访了各地的农业专家，也实地考察了不少农地，在与农业专家们不断交流后，他逐渐归纳出一套独有的农业见解。为了实践这些农业理念，陈老在 2013 年承包了家乡鄄城的 300 多亩土地，开始将自己对土地和农业的理念付诸实践。

农场起名为"大舜果园",因为鄄城是舜的故乡,亦寄托了陈老的期望。办公室朴素简约,一幅"守望故土,净土福根"的大字在白墙上挂着,非常醒目。

陈老以净田养土为最终目标,一开始就视土壤为最重要的起点来保护。"土生万物,农作物离不开的就是土壤,最重要的也是土壤,而农药化肥的介入把以自然为本的农业变得非自然,对土地造成了伤害,并最终流转到我们自己的身体里。"

8 年前,眼前这片土地,按陈老的说法已经奄奄一息,长年累月使用农药化肥,使得土壤已经失去自生和自我修复能力,只能依靠化肥进一步地催拔地力,如此循环并非良性,作物吸收的非土壤原生的养分,人吃了,最终一定是弊大于利。

能坚持做农业的人,一定最有耐心,陈老深知不养好土地,一切都将是空谈,所以接过农场后,他并不着急收获,而是先从内蒙古拉来了一万多吨羊粪,作为天然的

净
田

肥料。紧接着就是投放蚯蚓,利用蚯蚓松土和养土的能力,先将土壤初步恢复,再用深海鱼蛋白、氨基酸等营养物质来使土地更有营养。

待土壤有了基础的营养后,陈老种下苹果树,但并不用来售卖,而是将收获的果实发酵成酵素,酵素里的益生菌就会渗透到土壤里,一点点重赋泥土以生机。日复日,月复月,在有机肥、蚯蚓、苹果酵素的相互作用下,这片了无生气的田地开始恢复了生命的气息。神奇的是园里的昆虫和动物逐渐出现了,杂草茂盛生长。土有了元气,生命就仿佛有了起点,形成了永续良性的生态循环,陈老就将这种养土的实践方法命名为"舜净田"模式。

乐

土

古稀之年以田园为归宿，操劳的农作对陈老来说却甘之如饴。"农业是我打从心底一直想做的事情，希望在有生之年全情投入。"

为了一圆田园梦，同时证明摸索出来的舜净田模式能够惠及后人，陈老不顾家人的担心和反对，离开都市生活，来到这片荒僻的农地，领头做起了第一个开垦的人。"必须亲自做，身边的人才明白标准和要求在什么地方。"

8年绝非短时间，岁月也证明了陈老的模式不是空谈，跟随陈老在田中散步，他时不时地就会拔出一些植物，让大家仔细观察植物的根部，一边解说："你们看这些从根部发展出的细根，拔出来的时候会连带着呈棉絮状的土壤，松松的，透气的，这就是健康土壤应该有的样子。"土壤之所以呈现蜂窝棉絮的状态，主要是有机肥、土中蚯蚓以及益生菌等活化的成果。"这样的土和我小时候记忆中疏松的土地一样，养了8年，现在一铁锹下去，就能挖出来50多条蚯蚓。"让土壤"重获新生"仅是陈老的第一步，接下来栽种作物才算是真正的挑战。

不施化肥农药，摘下果树上的苹果，擦一擦就可以带皮一起吃。

面对农业里最耗费成本与人工的除草驱虫，最常规的方式就是施打农药与除草剂，也有使用放养天敌来应对处理的。在陈老眼里，杂草与昆虫是特别正常的存在，不同的杂草植物会吸引不同的昆虫，这也是自然平衡、使土壤透气的幕后推手，田里要是什么草什么虫都不存在，才叫做不健康。于是他只是以人手选择性地除去生长太茂盛的杂草，避免影响作物生长，其他的就顺其自然。驱虫亦然，一方面农场营造的生态环境会吸引鸟类和害虫的天敌，同时又利用苦参碱和大蒜油、辣椒油等纯粹天然的驱虫材料，即便效果远不如化学药剂那么猛，可只要将虫子的数量控制在一定程度，陈老认为就当"为自然交税"。"自然界有它的法则，我们只需要维持平衡就好。"

与陈老交流久了就知道他对土地情感浓厚，"土生万物"这[
更是时常挂在嘴边。现在的土地，已经代谢了以往农药化肥[
的残留，师法自然，出自陈老"舜净田"模式的作物也让人[
不借助化肥农药，植物也能好好生长的可能，只是你要相信[
能力，并经得起等待。这些作物中，最让他自豪的就是黄豆[
品种，椭圆形，颗粒大小不一，带"眼睛"，不少上年纪的人[
示已经很多年没有见过这种小时候常吃的豆子了。

在这里，成熟后的黄豆会保留在豆荚中，挂在枝上自然风干。[
在田中掰开豆荚，尝还没有干透的黄豆，浓郁的豆香味充满[
因为还有水分，口感软软糯糯，很是特别。陈老说待黄豆全[
透，就可以采收了。"用这个黄豆来磨豆浆、做豆腐，没有一[
腥味，味道非常清雅，有明显的回甜。"在这片净土中收获的[
经过权威机构的检测，达到 179 项无农药残留，大豆蛋白脂质[
总和超过 64%，异黄酮和硒的含量亦非常高。最让陈老欢喜[
整体生长的势头和质量也与其他同类有着极大的差异，"很多[
以为自然农法会减低产量，实际上先期只要花时间在土地上，[
的产量还是让人非常满意。"

土地上的作物都成长得非常健康，黑玉米简单煮熟，花生在水里汆一汆，苹果用清水冲洗，都是美味。

跟着陈老，我们走进田地，除了黄豆之外，苹果树硕果累累，因为不施农药化肥，所以苹果摘下擦一擦就可以连皮一起吃，爽脆、多汁、苹果香浓郁，园里的苹果首先拿到了有机认证。果树下种着大葱、胡萝卜、花生等蔬菜，因为有这样的土地，所以每一样都滋味十足。大葱清炒，居然味道清甜不辛辣，胡萝卜是自然的形状，不似超市中买来的那样大小均衡表面光滑，花生有紫皮和黑皮的，一串串连土拔出，有着旺盛的生命力。健康的土壤养育了健康的作物，饮食所需，都可以在果园里收获。黄豆与小麦共生，因为两者生长周期刚好错开，能完美共存，小麦的检测达到了 195 项无农残。这里的土壤富硒，使得空气中也充满了健康的能量，在园子里走上半天，都不会觉得累，早上可以在果园里跑步，比在健身房里更自然有机。

努力种田，收获与好友分享，尽管陈老为农田付出不菲，可多年来他总是不问回报，几百亩地逐渐在"舜净田"模式下被验证，故事到此亦是圆满。可某天有人提出，既然舜净田的方法实践成功，应该趁机进一步普及推广，惠及更多人。

陈老的案例也引起了当地部门的关注，在沟通下，陈老将目前的土地拓展到 3 千亩做进一步的试验。

相比初始阶段，面积大了不止 10 倍，意味着陈老又有了更加宏大的目标需要实现。陈老不改年轻时的军人本色，把土壤的改造当作一场终生战役，农田条件艰苦，依然心中有火，热情满满，寒冬腊月期间连同几个年轻人住在没有暖气的改造集装箱里规划农田。寒来暑往，喷撒肥料的机器都换了好几代，有了先前的经验，对土壤的恢复更得心应手。农业专家的到来不光给予进一步的技术支持，

黄豆收成后，依靠人手挑选，去除杂质。

还有不少种植专家希望将自己研发的新品种在陈老的土地里试验培育。陈老计划，接下来发展有机果蔬种植、农业观光旅游和生物肥料制造，就是农场三大主营的业务，"土就是农业的根本，有了先决条件，其他就不在话下。"陈老的语气肯定坚决。

就如大多数农人一样，陈老相信，"勤奋在当下，希望在明天。"苹果、小麦和黄豆陆续收获，将逐渐走向市场。陈老的大计也在土地前端逐步延伸到了工厂，让产品向精细化迈进。个中辛苦，他并不在乎。▉

吃蛋必须认识那只鸡，喝酒必须找到那棵葡萄藤，边喝边走，沿途的风景才不会孤单。

# "飞行2万里"之

# 阿根廷
# 酒醉的探戈

看过电影《佐罗》会不会暴露了你的年龄？当时帅爆了的阿兰·德龙饰演的假总督和警恶惩奸、锄强扶弱的唐·迭戈，还有佐罗，让观众了解和领略了西班牙人在南美洲殖民统治时代的异域风情。

"白银"在西班牙语中的发音是"阿根廷"，这也是这个拉美第二大国国名的由来，它不仅指具体意义上的白银，同时寓意货币和财富。阿根廷是世界上出产牛肉最多的国家，葡萄种植贯穿整个国家，是世界上第五大葡萄酒生产国。美丽的潘帕斯草原是著名的农牧区，号称南北粮库，去往南极必须要去阿根廷进行补给。不仅如此，安第斯山脉最高峰，也是南美第一高峰阿空加瓜山海拔 6964 米，虽然比海拔 8848.13 米的珠穆朗玛峰低了一千多米，但也是攀登爱好者必选之地。

走出机舱门的那一刻，迫不及待地想看看这个离北京 20 000 多公里的地方是什么样子。接机的是一位可爱的大叔，他举着牌子一动不动地向每一个人微笑，淳朴的友善中带着期待和好奇。

布宜诺斯艾利斯是阿根廷的首都及最大城市，如同每个大城市一样有很多著名景点，比如布宜诺斯艾利斯方尖碑、七九大道、哥伦布剧院、五月广场、阿根廷总统府，当地人文魅力必须亲自到访才能体会得到。这里阳光充足，树木生长茂盛，人们生活节奏很慢，商店开门晚，但关门很早，有时中午还要休息一两个小时，买东西时最好抓紧时间。

像西班牙人一样，这里的晚饭在八九点钟才开始，可以持续到凌晨，传统的阿根廷餐厅里只有烤肉，烤羊肉比较少，主要是售卖牛的不同部位和器官，以及烤整鸡、烤猪肉和猪肉香肠。蔬菜的种类不多，主要是西红柿和生菜，对于爱吃肉的人来说这里应该是天堂。

传统的探戈舞不需要去专门的地方看，公园的咖啡厅旁或广场中央的探戈表演更有意思，在这里探戈不止是我们理解的那种交谊舞形式的舞蹈，而是有内容的类似话剧形式的舞蹈，中间夹杂着探戈舞的元素。服装更精致，内容比较风趣。相同的是，女演员会穿着紧身礼服，露出美丽修长的大腿，尽显凹凸有致的身材。沐浴在充足的南美阳光下，来杯美式咖啡和一块蛋糕，看着探戈舞，愿岁月静好。

品尝阿根廷美食是旅程中必不可少的，烤血肠、烤牛胸腺、烤牛粉肠、烤牛肉一定要放在必吃名单里。

阿根廷血肠主要以猪血和猪肉为原料制作而成。无论是颜色、口感还是制作方法都与我国东北制作的血肠不同，东北的血肠主要原料是血，几乎没有肉，吃起来比较爽滑，而阿根廷血肠加入了一定比例的猪肉，口感更绵软。东北血肠大多用水煮后蘸蒜汁食用，这里的血肠用炭火烤制后直接食用。烤制之后，血肠的肠衣口感爽脆，还带有炭火的味道，十分美味。粉肠在中国主要出现在广东卤牛杂或牛杂火锅里，这里的粉肠直接用明火烤制后食用，脆爽有嚼劲。

烤牛肉是阿根廷人的主要食物，牛的所有部位几乎都可以用火烤，只是烘烤的程度和火候不同。牛腹肉是牛肉中最宝贵也是最可口的部位，它位于牛排的内侧，最大的牛也只能出三四斤牛腹肉。因为肉质鲜美，所以用最简单的方式，大火炭烤三到五成熟，烤到外焦里嫩的程度就是它最美味的状态，食用时只需搭配海盐就很完美了。

阿根廷最知名的红葡萄酒品种是马尔贝克（Malbec），白葡萄酒品种是特浓情（Torrontes）。由于大陆性气候的影响，马尔贝克葡萄酒有明亮的紫色，酒体饱满，单宁含量高，香气非常成熟，有黑樱桃、李子等黑色水果和黑胡椒香气，有时甚至有煮熟的水果风味。

但是受不同海拔和产区小气候的影响，风格各不相同，海拔低的马尔贝克葡萄酒酒体强壮果味浓郁，而海拔高的风格更优雅细腻。特浓情（Torrontes）是阿根廷特有的白葡萄酒品种，是 3 个品种的总称。当年西班牙人将第一批特浓情（Torrontes）葡萄带到阿根廷后，与亚历山大麝香葡萄（Muscat of Alexandria）和克里奥亚家族的克里奥亚奇卡葡萄（Criolla Chica）杂交生出了 3 个变种，它们是门多萨特浓情（Torrontes Mendocino）、圣胡安特浓情（Torrontes Sanjuanino）和里奥哈特浓情（Torrontes Riojano）。这些小变种后来以产地的名字命名，其中里奥哈特浓情葡萄（Torrontes Riojano）栽培面积最大，品质最好。

特浓情（Torrontes）葡萄酒，酒体中等偏轻，酸度中等，味道芳香浓郁，带有柠檬、桃子、甜瓜、金银花、白玫瑰等香气，有点像它们的亲妈麝香葡萄，但比麝香葡萄又多了一丝香料的风味。阿根廷人没有自满对马尔贝克（Malbec）和特浓情（Torrontes）种植和酿造的成功，仍在继续探索其他可以适应这里低纬度高海拔风土条件的葡萄品种。品丽珠（Cabernet Franc）慢慢变成了新的明星，还有风靡中国葡萄酒产区的马瑟兰葡萄（Marselan）品种，也出现在这里的葡萄园中。

阿根廷是葡萄酒产酒大国，葡萄种植历史悠久。

阿根廷是葡萄酒产酒大国，无论在海拔 3000 米以上，还是在平原地区，从南到北都能看到葡萄园和酒庄的身影。走访了近 20 个酒庄，品尝了 200 多款风格不同的美酒是这次旅行的最大收获。

这些酒庄的酒让我大开眼界，每一个酒庄都有自己独有的故事和独特的性格。从高产量葡萄园到高海拔低产量葡萄园，都感觉阿根廷种植师和酿酒师们对酒的热爱和认真，也颠覆了我以前对阿根廷葡萄酒风格的认知。

最让我记忆犹新的六个酒庄是 Familia Falasco 酒厂，卡迪娜 Catena Zapata 酒庄，埃塔弥思科 Bodega Atamisque 酒庄，狂人 Barbarians 酿酒集团，超级优克谷 SuperUco 酒庄，还有安第斯之源 Bodega El Porvenir De Cafayate 酒庄。

作为阿根廷五个销售量最高酒庄之一的 Familia Falasco 酒厂，拥有 450 公顷葡萄园，葡萄酒生产能力超过 6000 万公升。在品尝完全部系列的酒以后，让我很赞叹酒厂葡萄酒生产管理的能力。因为生产大批量酒和精品酒庄不同，需要管理的葡萄园面积很大，品质很难控制，酿造时稍有疏忽，损失就可能是几十甚至是上百吨酒。但是这家酒厂无论哪个级别的酒都很精致，完全不像是大批量酒厂的出品，倒像是几个精品酒庄的合体，所有系列的酒都风格出众，百花齐放。最高级别的葡萄酒是"马球手佩佩（Polo Pepe）"。我们只知道阿根廷的足球很厉害，鲜有人知的是阿根廷人的全民运动还有马球，打马球的本事不亚于足球甚至超过足球，所以酒厂用马球手佩佩（Polo Pepe）做元素来代表酒厂最高水平的酒，这款酒精选当地最好的马尔贝克（Malbec）葡萄，精工酿造，果味浓郁，酒体丰满，余味匀长。

卡迪娜（Catena Zapata）酒庄的研发精神让人敬佩，在这座酒庄里我第一次了解到，原来马尔贝克（Malbec）曾是阿基坦女公爵埃莉诺 Eleanor（法兰西国王路易七世的王后，和英格兰国王亨利二世的王后）最喜欢的葡萄品种。在 1855 年波尔多（Bordeaux）列级庄园评选时，马尔贝克是主要葡萄品种，最多时占 80% 的调配比例。由此推断，1855 年时的波尔多葡萄酒一定比现在的波尔多葡萄酒甜美，或是年轻时便散发出黑色水果的浓香，透出成熟李子和李子干的芬芳。

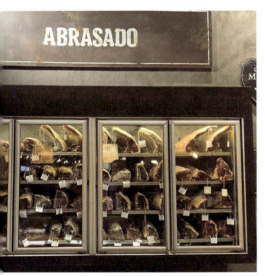

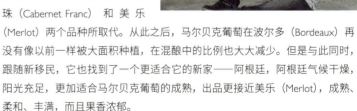

故事还没有结束，19 世纪 80 年代，根瘤蚜席卷欧洲葡萄园，由于马尔贝克葡萄（Malbec）比较适宜更温暖和干燥的地区，由此在波尔多被品丽珠（Cabernet Franc）和美乐（Merlot）两个品种所取代。从此之后，马尔贝克葡萄在波尔多（Bordeaux）再没有像以前一样被大面积种植，在混酿中的比例也大大减少。但是与此同时，跟随新移民，它也找到了一个更适合它的新家——阿根廷，阿根廷气候干燥，阳光充足，更加适合马尔贝克葡萄的成熟，出品更接近美乐（Merlot），成熟、柔和、丰满，而且果香浓郁。

为了种出更加精益求精的马尔贝克葡萄，每年卡迪娜（Catena Zapata）酒庄都会持续做很多关于土壤对马尔贝克葡萄影响，以及根部微生物对葡萄生长影响的实验。有了这些实验结果和多年的精细研究，不出意外，最终收获了优质的马尔贝克（Malbec）美酒。特别是 2004 年份的混酿葡萄酒，可以媲美波尔多一级庄的品质。酒庄还在一款酒标上用四位女神来纪念马尔贝克（Malbec）的历史。不仅如此，酒庄还大胆地也是第一个把马尔贝克（Malbec）葡萄种在海拔较高的山坡上。高海拔葡萄园 Adrianna Vineyard 出品的酒，风格更优雅而且果味多变。

位于门多萨地区风景最美的绿洲入口的埃塔弥思科（Bodega Atamisque）酒庄，其葡萄园位于海拔 1300 米的山坡上。酿酒师菲利普（Philippe Caraguel）是一位标准的法国绅士，他酿的酒是高品质标准中的标准，品尝他的酒可以明显喝出葡萄的品种特色，这对学习葡萄酒的人来说实在是太难得了，如果想品尝什么是标准的阿根廷马尔贝克（Malbec）葡萄酒一定不能错过。除了马尔贝克，酒庄还利用区域内的特殊气候，栽种了霞多丽（Chardonnay）、长相思（Sauvignon Blanc）、维欧尼（Viognier）、黑皮诺（Pinot Noir）、美洛（Merlot）、赤霞珠（Cabernet Sauvignon）、小维多（Petit Verdot）、品丽珠（Cabernet Franc）等在庄园小气候内能达到最优品质的葡萄品种。

狂人（Barbarians）酿酒集团是一群有想法的酒庄主组建的组织，他们专门出产阿根廷门多萨（Mendoza）优克谷（Uco Valley）的高品质葡萄酒，他们共同的宗旨是酿造平衡轻柔优雅的葡萄酒，尊重大自然与当地人文，坚持可持续栽培、酿造的自然酒。Passionate Wine 酒庄代表创新、趣味和风土；Gen Fuerza Tranquila 酒庄代表自由和轻松；Vinilo 酒庄代表酷和现代；Bodega Tupun 酒庄代表传统和级别。没有亲自品尝过这些酒实在是无法理解字面的意思，亲身品尝后才明白他们的酒会说话，能自己讲述自己的故事。

特立独行的超级优克谷（Super Uco）酒庄，用世界上最流行也最难理解的生物动力法种植葡萄，由尊崇自然、想象力丰富的米其林尼（Michelinni）家族创立。罗伯特·帕克对这个家族的评价是"没有什么可以限制米其林尼兄弟几个的创造力（The Michelini brothers seem to have no limits to their creativity）"这应该是对他的酒非常认可才用这种方式表达。

世界最高葡萄酒产区之一的卡法亚特 Cafayate 产区，隐藏着大有来头的安第斯之源酒庄（Bodega El Porvenir De Cafayate），葡萄园海拔 1700~3200 米，高海拔地势塑造了葡萄酒的独特风味，葡萄从发芽到果实熟透，一年到头持续受到日光的照射，葡萄树产生天然 UV 防晒功能来保护果实，酿出成熟、圆润、暖香四溢的酒。酒标融合安第斯原住民文化符号，凸显卡法亚特产区特色。 这是 Romero-Marcuzzi 家族的酒庄，三代人在当地酿酒耕耘，家族成员历任多届萨尔塔省长、阿根廷国会议员，对萨尔塔地区的各方面发展做出了巨大贡献。特浓情（Tormotes）葡萄酒是它的明星酒，三款特浓情酒入围 Descorchado 杂志的前 15 名，被评为阿根廷酿造特浓情最好的酒庄。

品酒贯穿了整个阿根廷行程

阿根廷的霞多丽品质不俗

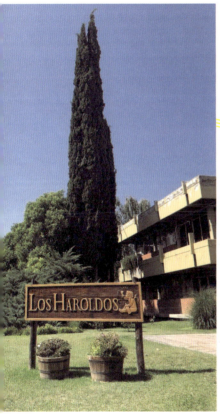

餐餐有肉，餐餐有酒

阿根廷距离中国比较远，好玩的地方又比较分散，即使是两个星期的旅程也像走马观花一样，只能对它有初步的了解。从第一天到最后一天，每天都能见到阿根廷人随时随地喝着马黛茶，这是一种由各种香草晾干后磨碎混合而成的茶，而且需要放在特殊的茶杯中用特质的金属吸管喝，味道很苦，像中国的苦丁茶，刚刚开始学习喝它的人很容易把茶叶弄碎，那味道就更苦了，它主要的功效是提神醒脑，化食解腻，功效很像咖啡。

去阿根廷最北部萨尔塔 (Salta) 地区，一路风尘仆仆，跋山涉水，随着最后一座酒庄的品鉴进入尾声，酒庄之旅圆满结束。用南美排名 top10 的 Don Julio 这家阿根廷最棒的烤肉餐厅来给这次美酒美食之旅画上圆满的句号。这里的酒窖只储存阿根廷最好的葡萄酒。上好的阿根廷牛肉被分割后等待着客人挑选，用当地最好的酒搭配最好的牛肉，是一种享受。

古人云：读万卷书，不如行万里路，行万里路，不如阅无数人。旅行让你感同身受。t

# 『蒜』你最奇妙

一颗小小的蒜头，在纯白、粉红或淡紫的外皮下，看起来人畜无害。可稍有阅历的人都深知在这淡雅色泽的背后，蕴含着多么狂野辛辣的霸气味道。爱它的人为之上瘾，恨它的对此避之不及。这股横冲直撞的味道，古人认定其为乱性之物，佛家更将其定性为『五荤』之一，列为禁忌食物。不过，在健康风潮之下，大蒜也重新被定位，尤其因其超强的杀菌养生作用而变得人气急升。

## "蒜"你知多少

蒜有很多名称，有人称其为大蒜、蒜头或者胡蒜。蒜属于百合科葱属的成员之一，与洋葱、大葱等同属。天生自带蒜素，使其味道辛辣的同时又具有杀菌功能。

蒜有着源远流长的历史，据传当年由张骞从西域带回中国，胡蒜之名由此得来。蒜的适应力极强，只要温度不超过 25℃，环境潮湿，9 个月左右即可收获，所以蒜的成员遍布世界各地，并因风土原因衍生出不少品种。

## 独头蒜

独头蒜是大蒜里比较特别的一种，浑圆的形状像一颗栗子，肉肥、香气浓郁，蒜素含量更是比普通大蒜高出好几倍，属于大蒜中的高级品。

## 新蒜

刚刚上市的新蒜，连外皮都能食用，都是新鲜的味道，蒜肉脆嫩，辛而不辣，亦没有干蒜来得呛。

## 腊八蒜

在南方的时候，从没见过腊八蒜，到了北方，第一次见到变成绿色的蒜瓣。腊八蒜，过去只在腊八这天做，用米醋泡上去皮的蒜瓣，装进罐头瓶子，封口后放在温度低的窗台上，一个星期左右，就慢慢变成通体青玉色。醋有蒜辣，蒜酸脆香，吃饺子蘸腊八蒜醋，再吃腊八蒜，也是北方冬日一趣。

## 蒜头

蒜头分大瓣和小瓣，日常所见的大多数为大瓣蒜，辛辣味浓。也有小瓣蒜的蒜瓣，小如指甲，味道清淡。常见于东南亚，当地人除了用来炒菜，还会腌渍做调味用。

## 全蒜皆可食（蒜苗-蒜薹-蒜头）

蒜的全身皆可食用，一般来说，我们吃的是蒜瓣部位。只需将一瓣蒜放入土中，它就会发芽长出花茎，并在顶端开出小花。这个茎就是我们熟悉的蒜芯，亦称蒜薹。

入冬之后，养分回流到地下的蒜瓣，由一瓣开始长成饱满的多瓣，这时就到了蒜头的成熟期。至于大蒜叶，则是我们熟悉的青蒜，在很多菜式里会遇到，在川菜的回锅肉中更是必不可少的辅料。

## 大蒜保健法

除了调味做菜以外，很多人还将蒜头当作保健品来食用。那是因为大蒜含有的蒜素（Allicin）对多种细菌、病毒、真菌等病原微生物及肿瘤都有不同程度的抑制或杀灭作用。硫化合物亦会帮助降血压以及预防血栓，从而降低患心脏病的风险。西方人也爱大蒜，将大蒜的成分浓缩，使其成为流行的保健品。

## 蒜餐厅

在英语里，大蒜有臭玫瑰（Stinking Rose）的雅称，而在美国洛杉矶比华利山就有一家以 The Stinking Rose 为名的餐厅，一听即知以大蒜为主题。

无论是牛排、汤、沙拉、甜品甚至餐酒，都少不了大蒜的身影。难得的是虽以大蒜为主题，菜品却没有丝毫恶搞，而且都做得很出色，使其成为当地著名特色餐厅。除了菜品以外，餐厅还附有蒜头的周边产品，如大蒜主题的鸭舌帽、T恤衫还有环保袋，有趣好玩。

## 蒜头博物馆

最爱大蒜的国家，韩国首当其冲，韩国人爱蒜爱得认真，甚至为此还专门开设了主题博物馆。距釜山约2小时车程的南海，在以大蒜做外形的"宝岛大蒜世界"，能找到有关大蒜的详尽资讯，还有关于大蒜的历史、品种及种植方法的主题展览。除此以外，还有大蒜酱、大蒜酒以及大蒜香薰等产品。馆内供应的蒜头包更是来客必尝的"名物"。

## 天然驱虫物

大蒜不单抗菌，辛辣的气味连昆虫都要躲避，所以大蒜种植甚少有虫害的问题。若家中发现有蚂蚁等小虫，可试着将切开的大蒜放在其出没的位置，即有效果。在米缸中放入几颗大蒜，亦可避免生虫。

天生性格强烈鲜明，注定是食材中的话题主角。

日本人爱钻研，研究出了这个让全世界爱蒜之人终于不用担心吃蒜有异味的黑科技。

世界各地的米其林星级餐厅，如北欧的 Noma、西班牙的 Martine Berasategui 以及美国的 Blue Hill，菜单上也开始频频出现黑蒜，令这个神奇的产品风靡全球。

将黑蒜剥开，第一眼很容易被误认为是武侠片里出现的仙丹，像黑炭一样的黑蒜，蒜肉之所以呈现黑色，那是由于大蒜的蛋白质在发酵过程中被分解成氨基酸。也正因为新鲜生蒜带皮发酵 90 天，激活分解出十多种氨基酸与微量元素的原因，使黑蒜的营养价值升级到另一个高度。

经过几年发展，云南大理的苍山已成为优质黑蒜的代名词，作为原料的独头蒜生长在海拔 2200 米以上的蒜田，一年四季雨量适中，日照长，土壤又肥沃。独特的地理风土优势，让出产自此处的独头蒜每一颗都浑圆大粒。带皮在发酵箱里发酵 90 天，过程中保持潮湿的状态，使大蒜中的蛋白质被分解成氨基酸，碳水化合物被分解成果糖，并完整保留了大蒜所含有的蒜氨酸。黑蒜的氨基酸含量比普通大蒜增加了近 3 倍，微量元素的含量也非常高，黑蒜因此有了超乎想象的功效。

剥开干燥的外皮，内里的蒜肉黑亮中带着油色，软糯中带着一丝柔滑和韧劲。入口呈现的不是呛人的蒜味，反而是类似梅子的果香，甚至可以当甜品或点心吃。细咬下，酸甜平衡，结尾有挥之不去的回甘。难怪被很多人追捧为健康食品，同时也成为很多名厨新一轮关注的热门食材，果真有其道理。

# 大热黑蒜风

牛里脊 500g，大蒜 1~2 头，初榨橄榄油 20ml，海盐适量

# 煎烤牛里脊配烤大蒜

地中海地区国家的人对大蒜的喜欢绝对是到了疯狂的程度，当地人会把整头不剥皮的大蒜放入烤箱中烤软，吃的时候配面包或者作为配菜，浓郁的蒜香确实让人为之痴迷。

## 做 法

1. 大蒜放入预热 180℃的烤箱中烤 30 分钟。
2. 牛里脊用海盐调味，再用初榨橄榄油煎至其表面变色。
3. 将牛里脊放入 180℃的烤箱中烤 8 分钟（可按生熟喜好调整烤制时间），与大蒜一起上盘。

虎虾 8 只（剥壳），大蒜 6 瓣（压碎），干辣椒 1 个，
初榨橄榄油 300ml，盐少许

# 橄榄油蒜香浸大虾

在西班牙料理中，橄榄油与大蒜是最出色的梦幻组合。虾肉被热橄
榄油灼得脆爽，大蒜的香气成功附着其上，激发了虾的鲜味。用材
简单，料理方便，是当地人喜欢的随手好菜。

———————— 做 法 ————————

1. 大虾洗净后吸干水分，用海盐调味备用。
2. 橄榄油倒入小锅中烧热，放入大蒜和干辣椒。
3. 待小锅中的大蒜和干辣椒变色后，放入大虾，待虾肉变色后
   火，浸泡 3 分钟即可。

# 货真"蒜"实

### Rondele 蒜蓉香草奶酪

经典的调味奶酪，味道温和，比较容易被接受，超软的奶酪由于大蒜的加入而味力大涨。质感细滑加上蒜香与奶香成功结合，用来涂抹面包，美味不用复杂。

### 肥仔秋黑蒜猪肉腊肠

传统加创意，东莞著名腊味老字号"肥仔秋"的得意之作。按照"肥三瘦七"的黄金比例，融合黑蒜果脯般的软糯质感，再以东莞经典的香肠工艺制作，清蒸后咬开即有惊人的爆汁效果。

### 和鲜蜜蒜

使用云南大理紫皮独头蒜为原料，辅以天然蜂蜜、古法黄酒以及食醋浸渍而成。蒜肉厚实，质感爽脆，酸甜平衡，可当配粥小菜，可拌面拌饭，也可作为日常健康食品。

### 尚干蒜头酱

创立于1936的福建老字号出品的招牌蒜蓉酱，用途广泛。浓郁的大蒜香气，当地人会用来搭配油炸菜品，好用蒜的辛香解开油腻，还有提鲜的效果。

### Natures Crush 罗勒蒜香味爆米花

以天然0添加为卖点，成功打破了爆米花给人一贯的不健康印象。调味亦同样使用天然原料，不含麸质。食用方便，只需在微波炉里加热3分钟即可，爆开率高达99%。蒜香与罗勒和谐地引出爆米花的鲜味，入口不腻，还有回甜，是看剧下酒的最佳伴侣。

### Soy Carat 咔啦豆 (蒜香味)

由日本著名健康营养食品企业大冢制药推出的大热产品，是低热量的零食。采用非油炸技术，口感依旧蓬松爽脆，薄脆的外壳里包裹一颗黄豆，使其有着丰富的层次口感。橄榄油配上蒜香，一吃不停嘴，加上少了油腻的负担，难怪会成为日本时下健康零食的新风潮。

### 鲜卖郎黑蒜酱

使用具有国家地理标志的大蒜产地，山东省济宁市金乡县的大蒜恒温发酵而成的黑蒜研磨制作。原材料有来头，产品质量自有保证。开罐质感细滑，味道温和，用途亦不少，拌沙拉、抹面包、拌面条，也可用作调料腌渍肉类，黑蒜微妙的酸甜香气为食物增添不少滋味。

### 丘比蒜香黄油酱

特制的扁平挤口设计，使挤出来的酱料能呈扁条形状，方便涂抹。最重要的是简单易用，只需把酱涂抹在面包片上，放入烤箱、空气炸锅甚至微波炉里，都可以。黄油与蒜头的味道既和谐又香浓，是"神还原"西餐厅蒜香面包的神奇酱料。

## 拥 有 几 件 吃 蒜 神 器

### 剥皮器

压着蒜滚几下，就可以迅速剥皮。

### 传统捣蒜臼

能捣出最辣最黏的蒜泥，若有时间可以慢慢捣，很复古。

### 压蒜器

进化版捣蒜器，能快速挤出蒜蓉，但是不如捣蒜臼来得烂和糯。

### 蒜泥研磨器

相当于小型搅拌器，快速拉动，就可以将蒜搅拌成泥，比压蒜器要细腻，但整体效果还是不如传统的手动捣蒜臼。 t

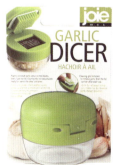

学会挑剔，是迈入优质生活的不二法门。挑剔无关贵贱，或者说，
单价越便宜越需要挑剔。因为便宜货意味着更日常，单价不起眼，但日积月累的代价其实高得惊人。

# 百蔬之王，

每到冬天，耐寒耐储存的白菜，是北方陪伴老百姓过冬的第一珍物。除了中国，大白菜也是亚洲其他国家，尤其是日本、韩国等国饮食生活中不可或缺的一部分。白菜自带清甜，既可清爽，亦可柔软，自身鲜嫩，又不夺味，所以单独烹饪或配合其他食材都有可能，料理上凉热焖炒腌炖皆宜。有说"百菜不如白菜"，蔬菜之王，当之无愧。

# 大白菜

## 北方人的当家菜

大白菜正式的学名叫"结球白菜"，特点就是菜叶宽大带皱褶，一层层包裹在一起，结成球状或者柱状，形成了一层包一层的独特结构。大白菜有很强的生命力和耐寒力，冬季下雪时依旧能挺立如松，所以古时将其称为"菘"。直到明朝才被人叫做大白菜。时至今日，大白菜在全国各地依旧有很多叫法，上海人叫它津白，广东人则称其为黄芽白，日本人称其为山东菜。

早期大白菜主要产自山东与华北一带。当地冬季温差大，阳光充足，空气干爽，泥土里富含水分，培育出来的大白菜格外鲜甜爽脆。加上耐寒的天性，在阴凉通风处可存放一到两个月，使其成为寒冷地区必备的过冬蔬菜。

价格大众化，人人吃得起。以前运输不发达，入冬后北方人都会储藏大白菜，整个冬天就有蔬菜吃。为了让白菜更好吃，连储存方式都很讲究，有钱人家在庭院或在地窖里储藏，一般人家就把大白菜放在室外，吹一两天寒风，让水分略微收干，味道就会更清甜浓郁，是朴素的生活智慧。

## 大白菜是混血儿

大白菜原产自中国，可起初是不结球的白菜，种植历史悠久可上溯至春秋时代。明代开始与小白菜、小松菜、塔菜、小棠菜四种绿叶蔬菜以及芜菁长年相互种植，慢慢就出现了大白菜。现代科学家更是通过实验发现大白菜拥有几种蔬菜的基因，在漫长的岁月下变迁，加上不断研究培植，大白菜家族越来越繁荣。

从菜苗到收割，全程需要三至四个月，一年四季皆可种植，以冬季产的最佳。因为天气冷的时候，菜叶会自动一层层向内收拢，以保护内层的菜叶，即便外层冻伤枯萎，内层仍然鲜爽。为了御寒，大白菜会尽量吸收养分，制造更多的糖分，所以寒冷天气里出产的白菜，味道自然更为清甜。

## 大白菜解构

不论哪个品种，大白菜都是包心结构，菜叶从里到外层层叠叠，水分不易流失，形成了不同的味道和质感。了解其特质，才能烹得其法，才能吃出真味。

大白菜有四个部分，最外两三层是外叶，再往内六七层是球叶，最内的四五层是菜心，中央底部两三寸长的菜叶是心叶。

**外叶**

最大块，菜帮水分含量最足，久煮仍有咬口。

**球叶**

质地爽脆，口感介乎菜心和外叶之间，菜叶大，适合包裹食物烹煮，也适合炖汤。

**菜心**

最受食家喜爱，因为有外叶的保护，没有受到阳光照晒，口感细嫩。加上大白菜遇冷时，会先把养分输送给菜心，滋味浓郁。

**心叶**

通常呈嫩嫩的金黄色，质地薄嫩，分量少，最金贵。

# 白菜变『百菜』

大白菜鲜甜清美，不夺味，几乎能与所有食材作搭配，营养丰富价格大众，一直都是国人喜爱的蔬菜。

料理上可塑空间特别大，可炒、腌渍、焖煮、炖烧，亦可以凉拌和剁碎作馅，家常华美皆宜。川菜里的开水白菜、鲁菜中的奶油白菜都是中式料理的著名菜式，简单的白菜粉丝和醋溜白菜更是家里经常会吃到的味道。

### 开水白菜

大白菜，是平价蔬菜。开水，是煮滚的清水。开水煮白菜，怎能上得了大台面？

偏偏川菜中有道"开水白菜"，成了国宴名菜。因为此"开水"不是一般的开水，而是用老鸡、瘦肉、猪骨、火腿等十多种材料熬成的讲究的清汤，衬托出大白菜矜贵的一面。"开水"清凉润泽，白菜酥软鲜甜，绝顶美妙。

### 芥末墩

南方人可能闻所未闻，可是老北京人一听，就能唤起回忆。

这是一道传统的北京菜，是凉菜中的首席。白菜选用菜心部分，茎叶相连处既有叶的嫩，又有茎的爽。

芥末汁加了醋、糖等调味，层次丰富。

夹一筷入口，芥辣在口中散开，涌上鼻子，真是好吃到流泪。

图片 / 大董

### 水煮牛肉

水煮牛肉和大白菜有什么关系？

殊不知，水煮牛肉的精华不在牛肉，而在大白菜。

菜叶吸收了牛肉的鲜、辣椒的香和辣，加上高温沸油的烫煮，入口软嫩细腻、鲜香交织。

所以一定要多加白菜才好吃。

大白菜图鉴

1

2

3

4

5

9

6

8

7

10

## 1 黄金大白菜

产地：天津
特别栽培的品种，由于全身呈嫩黄色，被称为黄金大白菜。这款大白菜口感软糯，白水煮尤其清甜。难得的是毫无青涩的味道，本味鲜甜，特别适合煮汤与清炒。

## 3 玉田冬储大白菜

产地：河北玉田
200多年前，河北省玉田县就有大白菜的培育记载。可见这里的风土适合白菜的生长。这款冬储大白菜菜叶包裹紧密，更加耐存。菜叶肥厚少渣，菜汁鲜甜，特别适合炖汤或者剁碎做馅。

## 5 紫白菜

产地：河北张北
由胶州大白菜与紫甘蓝相互培育而成的新品种，营养和微量元素比其他大白菜高数倍，富含花青素和胡萝卜素，所以要尽可能避免长时间高温烹煮破坏营养，最适合用来做凉拌菜。

## 7 天津绿白菜

产地：天津
盛产在华北平原，以天津出产最多，故被人称作"津白"。外形瘦长，菜尖微微张开，主要在天津运河附近种植，因为运河两岸土地肥沃湿润，加上用运河水灌溉，使其筋细肉厚，脆口中带着一股韧性，清甜有回甘。最适合炒和焖。

## 9 黄心大白菜

产地：河北唐山
来自韩国的品种，口感爽脆带甜味，稍烹煮，吃起来软糯细腻。切开后内心菜叶发黄，菜叶厚而少渣，用来做汤会有明显的甜味，也非常适合腌渍泡菜。

## 2 大头白菜

产地：北京
呈椭圆形，由于菜叶短菜帮厚，使其沉稳坠手。菜帮比例较大，更加耐存。肉厚、口味鲜甜，经常被用来涮烫火锅。

## 4 有机大白菜

产地：北京
外形肥壮，呈长卵形，以有机方式种植，种植地昼夜温差大，可令其积累更多糖分，甜度高且爽脆多汁，适合多种烹饪方式。

## 6 三宝白菜

产地：河北张家口
菜叶质感细密，介乎小白菜与大白菜之间，吃起来口感酥脆，清炒、氽煮皆可。

## 8 高山雨露大白菜

产地：云南玉溪
既是大白菜，又拥有娃娃菜的优良基因，清淡中带着鲜甜回味。菜帮厚且少渣，加上在云南玉溪高原种植，大温差使其更加鲜甜，口感绵软之余又饱含水分，猛火爆炒、开水氽烫都合适。

## 10 娃娃菜

产地：云南玉溪
一般人都以为这是大白菜的幼苗，实际上这是专家刻意栽培的迷你号大白菜。外形约正常大白菜五分之一的大小，尤其以在云南高原种植的为佳。味道浓郁，质感软嫩细腻，炖汤、清炒，或者切细条清蒸，都能吃到这份原味。

## 保存秘诀

大白菜含水量高，最怕受潮导致腐烂，所以买回家应该保持其干爽，避免水分积聚，故不要用塑料袋包裹。到了秋冬时节，可用报纸包裹好放在阴凉通风的地方，避免太阳直射，存放一到两周都没问题。t

# 柬埔寨，　笑着走下去

Cambodia

柬埔寨或许是一个不太受老天眷顾的国家，近百年来，天灾人祸接踵而至，随时可以问鼎亚洲赤贫之最。以为当地人的生活水深火热，可游历了一星期，看到的不单是人面对逆境的无比适应力，更重要的是一份苦中作乐的活力。生活逼人，日子还是要过。柬埔寨全国约有八成人口信奉佛教，一座座佛塔如一贴心灵良药，是他们的精神支柱，熬过苦难，浩劫重生。在暹粒吴哥城的巴戎寺中，有49座巨大的四面佛雕像，个个面带笑容，人称"高棉的微笑"，生活一穷二白，更是珍惜眼前所有。

"黄金蚕"的蚕丝金黄，纯天然，闪着高级的色泽。

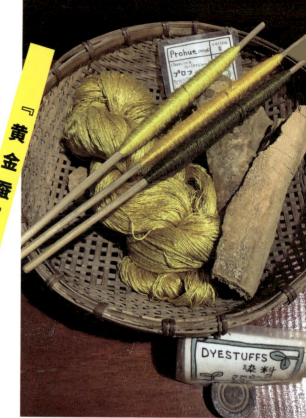

春蚕不老，昼夜怀丝。

"黄金蚕"不仅颜色富贵漂亮，材质上比普通蚕丝更柔软，丝更细，承受力却更强，除了普通民用，亦可用来做手术的缝合线，甚至还是防弹衣的优质原料。

时尚流行，换季只为填满衣柜，穿戴什么如过眼云烟。可在柬埔寨，偏偏有人要追溯本原，将濒临失传的黄金蚕丝依卡工艺复兴。

依卡（Ikat）为马来文，发明于印度，意指"捆绑、打结、缠绕"，是古老的绑染技艺，曾在日本、印度和印尼非常流行。将一束束织线有计划地在某些部分用尼龙绳捆扎绑染，染上第一层颜色，待晾干后绑上另一组尼龙绳，绑染重复数次后，织线就变成一截一截不同色彩的絣织线，再进入纺织步骤。

这是一种先染后织的工艺，打动过爱马仕，曾经推出过一系列名为"Voyage en Ikat"的餐瓷，图案梦幻奇特，据说灵感就来自于东方的"Ikat"。

技法可分为三种，分别是经线绑染花纹的经絣（Warp Ikat），纬线绑染花纹的纬絣（Weft Ikat）和经纬线皆染的经纬絣（Double Ikat）。

柬埔寨采用的是纬絣，始于8世纪，以蕉叶纤维来取代尼龙绳，染上纬线，经线用单色，是现时世界唯一的纬絣染技法。

传统的柬丝依卡以五色为重心，黄、红、绿、蓝、黑，源自染料植物，每幅都由人工手织，手工细致，图案亦超过200个。可惜染料植物连年失收，编织技术又多母女口耳相传，不流行用纸笔绘图，所以从1970年至1990年柬埔寨爆发内战时，原料和技术都大受打击，工艺出现断层，国技险将失传。

染色也恢复用天然的植物染料

所幸出现有心人。在泰国生活了十年的日本人森本喜久男
（Kikuo Morimoto），首次在泰国接触到高棉丝绸时，大为惊叹。
森本出生于蜡染世家，自己亦是京都的和服画师，于是他花了
大半年时间走访柬埔寨的大小村寨，寻找柬丝依卡的古老秘
方，发现留存在世的只剩下 20 余种做法。技术失传，染料难
觅，成本高产量低，都阻挡不了森本要重振这门古老手艺的决
心。于是在 2000 年成立了"IKTT（Institute for Khmer Traditional
Textiles）"，用浑身之力把柬丝这门手艺推上复兴之路。

"IKTT"雇用了当地的编织匠人，厂房的一层生产环境简陋但安
静祥和，一织一钩，无声胜有声，旧物利用，将自行车轮毂拿
来绕线，可见不一定非要顶级工具，用心才是。二层是商店和
展示空间，染料已全部恢复使用纯植物，可以看到展示，最受
欢迎的是用金丝蚕编织的围巾，摸在手心，披在肩膀，才知道
什么叫浮华易逝，风格永存。

## 她 的 名 字 叫 Lyly

酒店的早餐吃到第三天，实在有点索然，决定外出觅食。这家叫 Lyly 的餐厅离得不远，见人气旺盛，那就试一试。店铺结构简单，一眼望到底，桌椅井然，接地气的开放式厨房，菜品图片尽数贴在高处，一目了然。门口蒸着包子，煮着卤水，淥着河粉，烟火气息十分吸引人。

清汤粉，适合早上起来还没有醒透的胃口，有肉片、肉丸、蔬菜，汤底清新，河粉滑溜。喜欢浓郁口味的就来碗红烧牛肉面，碗面上铺着厚厚一层牛肉，汤底层次丰富，加点醋，浓郁鲜美到化不开，面条类似于手擀面，粗细适中，能量满分，吃上一碗感觉一整天都不会饿。

形状特别的包子，白面包着黄米面，点缀上香菜一起蒸，叫人好想尝尝。面皮软糯，带着好闻的碱水味，里面包着肉馅，鲜香扑鼻，有趣又好吃。见到门口货架上摆放的一罐罐腌菜，不知道是什么，问店家，回答是腌咸鱼，菜单上没有，当地人通常买回家自己做。央求店家能不能做来尝尝，可能见我们觅食心意坚决，果真炒了一盘，用来配粥。别出心裁地用酒酿来腌渍咸鱼，咸中带甜，酒酿又利于咸鱼发酵，使得口感酥松，咸咸鲜鲜的，配上清爽的黄瓜。不配粥，用来下酒也不错。

不要小看柬埔寨人对餐饮的追求，有在地的超级庶民的小馆，也有高级的 fine dinning 餐厅，质素之高，直追巴黎和纽约。

Embassy 是一对在法国学厨的柬埔寨双胞胎姐妹回国后在暹粒开的餐厅，小小的二层木结构楼房，十余张桌子，橘色氛围，十分温暖，高级但不逼人，风格十分明确。去的那天下雨，收了雨伞，踏上木楼梯，屋外树木丰盛，雨中更显生机勃勃，心情就像回家吃饭一样放松。

菜式出品一样有明确的表达，做的是高棉菜，但经过法餐训练的主厨，自然会将法餐的呈现形式用在当地菜式上，让客人体验到更摩登的柬埔寨传统食物。口味不变，尊重传统，只是更为细腻考究，原材料全部选用本地食材，包括别处罕见的柬埔寨牛肉，筋道有肉味，用来煎牛排味道一流。

头盘一开始就很成功，柬埔寨传统小吃被做成了 amuse-

# Embassy

bouche，酥炸香蕉片、香肠、炭烤鸭肉、炸米饼，小小份的，味道都很突出。接下来的猪肉汤、南瓜饼都加入了很多本土元素，法式外衣、高棉内核。主菜根据季节变化，有鱼、鸡肉、牛肉可选，一直到甜品都无可挑剔，味道搭配逻辑清楚，更叫人意外的是，经过精心设计的摆盘，结构整洁，有女性的细腻但不过分柔美，上桌时你可能只会觉得干干净净有条理，可一拿起相机来拍，就会发现不管从哪个角度拍都十分完美，360 度无死角，也是叫人惊奇。

有配酒菜单，搭配功力也十分不错，但鉴于柬埔寨本地葡萄酒的

品类无法支撑整个菜单，所以搭配一些法国酒、阿根廷酒，就略显普通。因此强烈推荐选择配茶菜单，说是茶，其实是当地四款可以泡饮的有机花草茶，能帮助消化和促进睡眠，晚餐时喝正合适，也比常规的配酒有趣得多。

OPEN DAILY
14:00 till 22:00
Mobile: [+855] 17 877 523
Phone: [+855] 63 963 523

**CREME**
ORGANIC FRESH MILK

Cioccolato
80% Organic dark chocolate,
Papua Nuova Guinea

Cioccolato al pepe di Kampot
80% Organic dark chocolate,
Fresh black pepper

Vaniglia
Flor di latte, Organic Veracruz vanilla beans

Rum e Uvetta
Samai dark rum, Montepulcianodried raisin

Nocciola
Hazelnuts, Le Langhe, Italy

Gianduia
80% Organic dark chocolate, Hazelnuts

Tiramisu'
El Salvador coffee beans,
La Fattoria's fresh mascarpone

Stracciatella
Flor di latte, 80% organic dark chocolate chips

Caffe' Caramellato
Guatemala coffee beans, Caramelized
cambodian sugar cane

Zabaione
Flor di latte, Organic eggs, Samai dark rum,
Marsala wine

Yoghurt
La Fattoria's Organic full milk

Caramel Salted Butter

Cocco
Organic Coconut, Koh Kong, Cambodia

Banana
Organic bananas,
Banteay Meanchey, Cambodia

**SORBETTI**
VEGAN / DAIRY FREE

Mango
Siem Reap fresh mangos, Cambodia

Mandarino
Kandal province sweet mandarin,
Cambodia

Fragola
Chiang Mai strawherries, Thailand

Frutto del Drago
Siem Reap fresh purple dragon fruit,
Cambodia

Frutto della Passione
Organic passion fruit, Mondulkiri
mountain, Cambodia

Cioccolato
80% Organic dark chocolate sorbet,
Papua Nuova Guinea

Our gelato
is made with

Fresh fruit   Milk & Cream   Cacao   Cane sugar

Our sorbetti
are made with

Fresh fruit   Water   Cane sugar

Free from hydrogenated fats,
colourings, preservatives, artificial flavours,
stabilizers or emulsiflers

Natural Food    Gelato

| CUPS | | CONES | |
|---|---|---|---|
| Small | 150 | Small | 150 |
| Medium | 250 | Medium | 250 |
| Large | 325 | | |

洋 化 生 活

## 超市

柬埔寨当地的社会环境简单，在这个朴素的国度，百货商店、戏院都不曾普及，人们的一切所需主要靠"街市"来满足。

曾经的战火令经济一蹶不振，人民生活水平落后，地里还有很多内战时期埋下的地雷。幸好在多国的帮助下，近年已大有改善，街上也有很多外国游客，带动了餐饮和纪念品店铺的生意。高级超市也有了需求，这家吴哥超市是暹粒最高端的超市，虽然面积不大，货品也不是非常丰富，但在柬埔寨已经很不容易。超市汇集了本土最高级和讲究的产品，有强调环保的护肤品，包装讲究的农家鸡蛋，还有舶来品牌饮料，满足当地潮流人士的购物欲望。

## 贡布胡椒

2009 年，贡布胡椒获政府认定为"产品地理标识 Geographical indication"，是柬埔寨第一项获此殊荣的农产品，是临走时的好手信。"Starling Farm"亦成为政府认证的生产商，也是国内最大的生产商，占市场份额的 40%，出口日本、德国、法国、加拿大和美国等地。

他们还一直根据贡布胡椒推广协会的规定和欧洲 GPI 标准种植胡椒，全有机耕作。使用很多有机肥料，加上木瓜、南瓜屑和动物粪便等，亦会用蕉叶为胡椒树遮风挡雨。贡布胡椒誉满天下，可惜柬埔寨人却很少能吃得起。

柬埔寨的贡布胡椒非常有名，已有近千年历史。因为当地山麓有石灰成分，土壤矿物含量丰富，加上由海上传来的盐味海风，种出来的胡椒鲜辣咸香，风味独特。1800 年法国殖民时已扬威海外，巴黎的高级宴会都会用上。但后来赤柬战乱时期被迫停产，到近年才重新种植，并受到各界大厨的青睐，暹粒 park hyatt 酒店的主厨甚爱其辛辣，不少外国的大厨亦指定用它。

"Starling Farm"品牌于 2002 年由柬埔寨人 Eric Yon 和他的姐姐 Anna Him 与姐夫 Mark Hanna 经营。他们一家本是 Kampng Cham 省的农民，在贡布买了数块田地，重新种胡椒，过程艰辛，先向农民找来种子，翻土播种，开田前还要先清理红色高棉时期遗留的地雷。

贡布胡椒共有四种。黑胡椒在转黄前必须摘下，味道偏苦涩燥热。红胡椒需等待果实变红后才采摘，时间要准，果实要去皮，拥有鲜甜圆滑的独特口味。白胡椒是用滚水煲过的红胡椒，抹去表层，口感和辣味较轻，亦较美观，三种皆需要在太阳下晒干。成熟前采摘的都是绿胡椒，有种柑橘鲜香，最适合配海鲜。

流动的风景——洞里萨湖

做了功课，才知道洞里萨湖是东南亚最大的淡水湖，这面湖是柬埔寨人的生命之源，供应全国近7成的淡水鱼用量，很多餐厅都以其为标榜。

湖水本身更是湄公河的天然调节水库，每年会随水位涨落而大面积伸缩，旱季时，水深不及2米，当雨季来临，湖面猛然涨阔4倍，最深处会增至约14米。

更有趣的是，湖上住了一群人，保守估计至少2万多，他们在湖上吃，在湖上睡，在湖上打渔，在湖上养鸭养猪，在湖上上学，在湖上生儿育女，好似生长在洞里萨湖上的无根浮萍，随水漂浮，看似流离，但那种穷则思变的求生本领却大得惊人。

漂浮无根的生活并不浪漫，他们之所以要当浮萍，是历史使然。这群水上人其实是越南人，当年越战时以难民的身份涌入，定居湖上，多年以来，赶也赶不走，政府抱着不取缔不支援的态度，任由他们自生自灭。听起来很凄凉，但是他们在这几十年间，生命力顽强惊人，在湖上建立起自己的小社区，自给自足。不少越南人信奉天主教，连教堂都建在湖上。坐在船上，沿着水路再看看，小商店、餐厅、加油站、学校、民居……都在水上，生活所需，面面俱到。

每天的食用水是从陆地上买的瓶装水，电就用自家发电机，一艘装满衣物的小船逐家逐户叫卖，不止衣服，水果蔬菜都是主动送上门，还有卖小食咖啡的"水上星巴克"，购物也不用发愁。

坐船深入其中，突然有一艘小艇向我们拦腰开来，还未弄清怎么回事，一个娇小的黑影已经一跃而来。正准备惊叫，定神发现对方递来的是冰冻汽水，顿时松了一口气，摆手拒绝，小黑影又一阵风似地跳回原来的小艇，高速驶走。整个过程前后共10秒，小黑影身手矫捷，看来要在湖上讨生活，必须练得一身好武功。

每日到了黄昏，当地人还有闲情出来散步，孩子们脱个精光，一个一个排队跳入河中畅泳，眼前的景象，贫穷、休闲，却又充满生命力，叫人忍不住拿起相机不停拍，不停拍。**t**

**厨房中术** | 文字 /Alan Hei 图片 / 马俨

悠悠万事，卧室和厨房为大。卧室做 ai、厨房做 cai、床上有 ai、锅里有 cai，正所谓食色 xing 也。
本栏目专门为那些 ai 做 cai 的人介绍厨房里的超级情趣。

# 云 下 来 客

天南地北，通常用来形容距离和对比，但放在石师傅身上也同样适用。十几年前从内蒙古只身闯荡到北京的云南驻京办厨房，再成为京城著名云南餐厅一坐一忘的掌勺人，敦实的北方汉子，做出了细腻柔软的云南料理。

# 石 军 锋

## 云 下 来 的 客

每周石师傅都会巡视位于北京 SKP 和 SKP-S 商场的两家餐厅，于是就约了他在北京 SKP 地下 1 层的 BHG Market Place 见面。刚从老家回到北京，又马不停蹄地给 SKP-S 的米线店做菜品调整及系列产品的开发，见面时石师傅脸上带着一丝疲惫，但是一看到超市货架上的好食材，又立刻精神百倍。

餐厅就在北京 SKP 六层，偶尔需要材料就会下楼采买，逛得多，石师傅对这家超市已算非常熟悉。"这里的品种比较齐全，质量也高，有时候临时想起来要做一些菜品的开发试验，店里要是没有备料，下楼买就好。"

既然是以食材为卖点的云南料理，石师傅对原材料自然尤其看重。"你看这个每周从云南运来的辣椒，肉厚脆嫩，代表了水分充足和新鲜，一拿上手就知道对路。"

菌菇更是云南菜的灵魂，占着冷藏柜一整面的菌菇架，品种更是齐全。"你看，从高价的牛肝菌和羊肚菌到平价的蟹味菇、海鲜菇都有，外表整齐，非常新鲜。"喜欢好食材是厨师的职业天性，对石师傅来说，料理好食材只需要想办法凸显本身特点就好，食材出色，端上桌子也是信心满满。"云南菜没有办法骗人，东西好不好，一尝就知道了。"

## 机 会 为 准 备 好 的 人 而 来

人的天性不同，简单来说，有外向和内向之分，不同的个性自然对事物会有不同的理解。虽说来自火热的厨房，但石师傅不属于那种见面会给你一个拥抱和热情打招呼的人，可那股发自内心的关切和细腻的目光，会让人觉得这个黢黑的蒙古汉子心里住着一个含蓄安静的另一个自己。

与大部分入厨行的人相似，年轻时的石师傅为了平稳和温饱的生活选择了这个职业，当初远离家人到毗邻蒙古国边界的二连浩特当学徒谋生的日子，至今依旧让石师傅难忘。"那个时候真叫苦，每天下班就在餐厅拼起椅子和衣而睡。冬季天寒，冷出冻疮，夏天暑热，烦闷潮湿，现在身体很多毛病都是那个时期落下的病根。"

条件艰苦，没难倒石师傅，一心为生活打拼的他，很清楚辛苦是攀登高处的必经之路。直至有一次打听到一位远房亲戚能联系到一个到北京就业的机会，就如夜里发现了闪光的宝石，"那时候打电话只能到邮政局，我只好每隔两天就给亲戚打一通电话，然后他的回复永远都是有需要就联系你。"

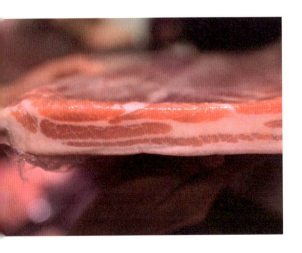

五花肉、青红椒、大头菜都要手工剁成细粒，炒出来才好吃。

或许别人会认为这是一种拖延和婉拒，可石师傅并没有就此作罢，而是继续坚持隔天打一个电话，"不知道人家是不是被烦得受不了，还是被我的执着感动，反正最后一通电话里那句'你来吧，啥都别带'，到现在还记得清清楚楚。"别带行李，言外之意就是不行你就赶紧回去，但如同中了头奖的石师傅管不了那么多，有机会摆在眼前，就要抓住和珍惜。于是当天就买了火车票，也还真的双手空空地南下北京赴约面试去了。

凭着沉默、刻苦、耐劳的个性，到了当时云南驻京办所属的餐厅面试，石师傅如愿被录取。可老实并不代表愚钝，善于观察的石师傅在工作中不断思考，很快就在新环境中站稳了脚跟。随着时间的推移，每次总厨下发的工作都能超质超量地完成，石师傅逐渐被看重。"从来没想过这里的夏天有空调，冬天有暖气，上下班时间稳定而且中间还有休息时间。"言谈间，石师傅至今对能获得这份工作充满了感恩和珍惜。

作为一个北方人，烹饪云南菜一开始多少有点水土不服，尤其当时云南驻京办是北京唯一从云南空运食材的餐厅，面对每天运来的没见过的"奇花异草"，更是不知所措，何况还要料理烹饪。可石师傅沉着的个性驱使他耐心去体会，"最记得有一种叫鱼腥草的食材，当时尝了特别不习惯，心想怎么会有人喜欢这种味道。后来我就每天逼自己尝，习惯以后居然喜欢得不得了。"

有一份细腻在心，做着做着才华就出来了，厚积薄发的石师傅后来被委派专门负责接待领导和贵宾，每次要客临门，菜单都由石师傅统筹安排。尽管脱离了大厨房的高密度工作，可这却对石师傅提出对菜品的研发与创意的挑战，每次来的客人口味喜好不同，临场应变更是重中之重。

"每次都要仔细观察，看看客人什么菜吃得多，什么菜吃得少，一碰都不碰的就要警惕并琢磨。"默默记下无数客人口味喜好的石师傅，脑海就像一台存储器，每次为来客安排的菜品空盘率都非常高，擅做不一样云南菜的石师傅，开始在圈内受到注目。

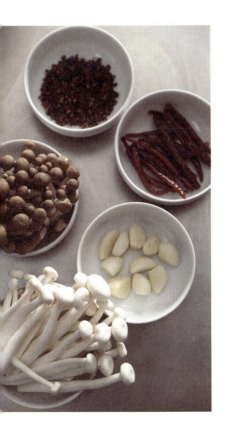

## 犯 懒 会 失 去 思 考 的 能 力

工作稳定，生活有序，接下来可以按部就班了吧？可安稳对自认为劳碌命的石师傅来说，却属于一种消磨。"因为太稳定了，上升到一定位置就没有了空间。"就如每个厨师都心怀开餐厅的梦想，石师傅也兴起了回家创业的念头，可北京著名的云南餐厅"一坐一忘"的老板却找上门来。当时"一坐一忘"要调整全部菜单和厨房出品，在传统的云南菜基础上打造不一样的气质。两方一交流，一拍即合。

进入社会餐厅，是新的挑战。但这一次石师傅心里激动之余，却也带着自信和从容。如何为传统的云南菜注入年轻的气质，凭借之前经验的积累，加上没有条条框框的制约，石师傅的思路一下子就变得宽广起来。跳脱不代表没有边界，但照搬云南传统菜也非石师傅所愿。"如何将云南食材的特色以轻盈现代的方式体现，是我考虑最多的问题。"于是，薄荷牛肉卷、鬼鸡、雕梅小排以及小炒石屏豆腐干这些来自云南的传统味道，在石师傅的巧手下变得清新。"传统是绝对不能舍弃的，但在做法上就要更加精细。"

就如下饭神菜"黑三剁"，做法看似简单，但石师傅认为更应该用心制作，越是家常，越要精细。用的大头菜必须是云南地道的玫瑰大头菜，为的就是大头菜腌渍时用到的云南当地酱油和特色的玫瑰花，"我们特地去大头菜厂考察，发现正因为用了当地的酱油和玫瑰花，使得大头菜炒出来的味道比同类更醇厚。"

**菌子凉面**

**主料：**

面条 120 克、油鸡枞菌 50 克

**辅料：**

小葱花 10 克

**调料：**

酱油 10 克、甜酱油 2 克、蚝油 2 克、蒜油 2 克（带少许蒜粒）、木姜子油 1 克、葱油 1 克、辣鲜露 3 克、鸡枞菌油 1 克、花椒油 2 克

**做法：**

1. 选细款面条。
2. 水开后放入面条，煮大约 3~5 分钟。
3. 将煮熟后的面条捞入提前备好的冰水中过凉，捞出后滤水。
4. 器皿里放 3 勺（约 30 克）调制好的汁水，将面条放入，搅拌均匀。
5. 拌好后装盘。
6. 再把油鸡枞菌均匀铺在面条上，撒小葱花（注：小葱花用热油炝后拌匀）。

油鸡枞菌制作方法：选新鲜鸡枞菌，刮去表面泥土，撕成筷子粗细的条状，在撕好的鸡枞菌里撒盐拌匀。锅里放菜籽油，再放入花椒粒 10 粒，干辣椒段 10 克，待油温升至 5 成热时放入鸡枞菌，慢火炸香。菜籽油和鸡枞菌比例 1:1。

注：也可以用其他菌子代替，做法同上。

每年，石师傅都会去物产极其丰富的云南采风，一方面从原生态的味道里寻找灵感，另一方面在不断发现食材的过程中，思考如何进一步定位餐厅的料理风格。

这些工作需要强大的自我驱动力，石师傅正是属于这种天然劳动者，一年 365 天几乎都被工作排满。偶尔回趟老家和家人相处几天，然后又只身回到北京工作。"人一定要做事情，不然一放松就犯懒，犯懒就会失去思考的能力。"

## 做 人 与 做 菜， 最 重 要 是 有 爱

石师傅内敛细心，即使与家人聚少离多，可一有机会回家就一定会亲自下厨为家人做羹汤。"我女儿最喜欢吃我做的饭菜，只要一回家，就缠着我做饭。"听上去像是无奈，心里却很甜蜜。

当地人人会做的一道"黑三剁"，也是石师傅常为家人做的菜，五花肉、大头菜及青红椒要手切成细丁才算及格，绝不能图省力乱剁一气，下锅炒熟了事。"用绞碎的肉馅留不住肉汁，吃起来干巴巴的，肉丁一定要用事先冻硬的五花肉才容易切细。"越简单，功夫就越往深处体现。

问石师傅做菜的真义到底是什么，得到的答复就是"慢慢做，慢慢想。"

即便回到北方的家里，手上缺少云南各种炫目的菌子，只要有心，平实的菇类一样可以做出不亚于云南菌菇的味道。"菌菇本身就是鲜香的，下油慢慢炸出香味，然后和酱油一起拌面就很好吃。"细节在于菌菇要用手撕成细丝，而不是用刀切。油炸的时候要凝神观察菌菇的变化，以温火炼出菇的香味，避免大火使其焦糊发苦。

这样的做法几乎适用于一切菌菇，只要手边有菌菇，都能做出一罐香味浓郁的菌菇油，拌面、拌饭，甚至拌凉菜都万试万灵。

看着石师傅在厨房中烹饪，会让你感慨，相比声名在外的厨师，看似寂寂无闻的石师傅，就是默默地用一双手和一颗热爱烹饪的真心，向客人传递一份温暖的味道。即便没有抓人眼球的夸张理念，但却能在他的菜里，细细品味出一份动人的心思。🅣

**黑**

**三**

**剁**

**主料：**

猪肉粒 100 克

**辅料：**

玫瑰大头菜 30 克、青椒粒 30 克、红椒粒 30 克

**调料：**

姜末 5 克、老抽 5 克、白砂糖 3 克

**做法：**

1. 选肥三瘦七的五花肉，去皮切成绿豆大小的粒。
2. 青红椒分别去蒂去籽，切小粒。
3. 玫瑰大头菜用凉水冲洗，切丝再切粒。
4. 鲜姜去皮切末。
5. 将切好的肉粒用中火煸香，放入姜末，加入老抽煸炒均匀，接着放入玫瑰大头菜，翻炒几下放入白砂糖，最后放入青红椒粒，大火快速炒香即可。

被顺义的朋友反复推荐的这家港式潮汕菜，是后沙峪一幢叫"同里市集"的楼的一部分，这幢楼从西班牙菜、牛排，到烧肉、上海油条豆浆、到潮汕卤水，一家家挨着，看起来都很妥帖且经营有方的样子。

同香荟开在最里面，开业两年多一直很低调，被顺义美食小众圈子私藏。推开门是浓浓的老香港酒楼风，地方不大，左边明档挂满了卤水老鹅，一排黄澄澄硕大的花胶格外醒目；右边餐区温暖明亮，家具半新不旧，服务生迎宾大方得体，坐在里面的一看都是专心享用美食的人，果然来对了地方。

日常必点的有玻璃乳鸽和崩沙腩。

玻璃乳鸽当之无愧可进京城前三，相比声名在外的几家，这家的低调限量版乳鸽咬下去，伴随着薄薄的脆皮如同冰糖那样裂开，汩汩的鲜美肉汁就流到嘴里，鸽肉幼嫩清香非常入味，轻轻一撕一抿，连骨头都是香的。有这样一份乳鸽当前，几乎可以瞬间"放空"，只想沉浸在享用它的美妙时间里。因为用的是当日鲜鸽，数量有限十分抢手，除了提前预定，最好午餐前到达。

崩沙腩相比香港大多数餐厅，这里的出品毫不逊色甚至更佳。崩沙腩是牛腩中最好吃的部位，大概是横膈膜，肥瘦相间，最有嚼劲和层次感。炖好之后，层层叠叠的腩肉中间夹有均匀的薄软胶质层，滑爽软糯。这家出品汤头清澈鲜美，细闻有淡淡的牛乳清香，腩肉看起来工整完美，入口惊艳香滑，同属吃一口后只想默默投入享用的类型。如果一人食也可以选择崩沙腩粉面，面是港式细面，粉是鲜米粉，可放心点无"坑"。此款也需预定，想吃请早到。

**同香荟**

**地址：** 北京市顺义区裕丰路1号同里市集108号底商（新国际展览中心西侧）

**电话：** 010-80469046

当下时节，还可以点一道方鱼炒芥兰苗，方鱼经碎油爆得香气四溢，裹着脆嫩新鲜的芥兰苗，"锅气"十足，简单组合最大激发食材的精彩。

据说餐厅食材都是每日新鲜本土空运，大厨也是重金从香港潮州酒楼聘来，牛腩牛杂料理有专门大厨负责，一试之下果然名副其实。

菜单上，潮汕菜传统的卤水鹅、鱼饭黄脚鱲、普宁豆腐都有，港风十足的冻蟹也有。招牌菜为花胶鸡煲，而咸柠檬蒸马友、梅汁炒河虾口碑也很好。甜品选择不多，但也很地道。

眼下这幢楼中最轻松的一部分——同里市集也开业了，就在同香荟隔壁，里面可以买菜买花，喝精酿啤酒，吃海鲜饭、日本料理、油条馄饨，因为整栋楼都是同一个老板，所以不管身在何处，都可以点楼中任意餐厅的菜品，为了一口好吃的天马行空无拘无束的人，一定会喜欢这里。█

（作者观点，不代表杂志立场。）

微
醺
忽
见
花
半
开

酿酒是个技术活，在这个世界里仿佛大多数都以男性为主宰。女性想要闯出一片天，不是不可能，而是必须付出更多的艰辛才能获得认同。所以一个女酿酒师大多是业内出类拔萃者，像勃艮地的 Lalou-Bize Leroy 女士与已故的 Anne Claude Leflaive 女士，都是酿酒业内堪称传奇的人物。

以上两位各有个性，一位被称作勃艮地的女皇，另一位则顶着压力将庄园改革，从此将白葡萄酒酿造到一个空前高度。然而在勃艮地还有一位女酿酒师，顶上虽没有 Leroy 女士的传奇光环，也没有如 Leflaive 那般拥有几百年祖辈相传的大庄园，可偏偏凭借后天的勤奋和好学使其在高手林立的勃艮地打出了名堂。

对的，若稍了解勃艮地的人也能猜出我说的就是 Anne Gros，出生于酿酒家族，Gros 的姓氏在当地几乎无人不识，从 1830 年开始就坐拥 Vosne － Romanee 一流的酒田无数，家族至今已到了第六代。到了近两代才开枝散叶，从 A-F Gros、Michel Gros，到知名的大金杯"Gros Frere et Soeur"都是兄弟表亲各自立的门户，而老四 Francoise，一开始与女儿 Anne 以联名的形式营运，到后来老 Francoise 因身体原因交棒给女儿，原本学艺术的 Anne 就改行回归家族。若论名气，Gros 中的大金杯 Gros Frere et Soeur 当数最大，加上不是长房长子，Anne 分到的酒田自不会是条件最优、产量最大的那一块。可论酿酒天赋，Anne 却连罗伯特·帕克都以"难以置信的凝粹口感，此前甚至没有相同风格的葡萄酒与之媲美。"来高评，被誉为家族中最优秀的酿酒师。Anne 经常被拿来与 Leroy 相提并论，葡萄酒大师作家 Clive Coates 更把 Anne 的 Richebourg 无可置疑地誉为全法最佳。

相比作风优雅又充满气场的 Leroy 女士，Anne 作风更像是个朴实的农人，当表亲们在世界各地推广酒庄卖酒时，Anne 却会花更多的时间守在酒庄。对于备受赞誉的酿酒术，一直坚持比生态动力法来对待土壤和葡萄的 Anne，更多是归功于风土以及久经岁月的老藤葡萄。而自己的技巧，却仅是一个传达的媒介。

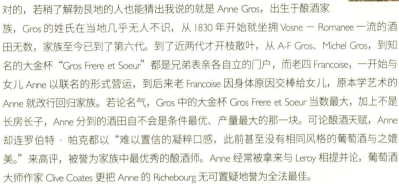

即便 Anne 旗下的系列都是耀眼的杰作（尤其是 Richebour），可喝过 Hautes Côtes de Nuits Blanc，Cuvée Marine 之后就从此被那股干净清亮的气质吸引。

Hautes Côtes de Nuits，顾名思义，葡萄园位于海拔 400 米，山风让栽种的葡萄更加干爽，使酒体呈现出鲜活跳脱的个性。第一批以试验的性质在 1998 年少量上市，可一登场，立刻就受到热烈拥戴而被扫空，就算后期逐步加量也是供不应求。

微黄透亮的色泽，清澈与你对视，一阵清凉的矿物质，恍若雪落漫天，沁入心脾。细细品味下，青梅在盈盈转身，一阵暗香徐徐而至。幽香之余，鲜活的青苹果给整体结构添加了一股跳脱的身影。尾端蜂蜜的气韵，圆润中却又多了一股飘逸的仙气。

"神之水滴"将其比为雪地里的山茶花真是形容得贴切，喝 Anne Gros 真会让人陶醉得飘飘然，那种感觉就如"杯酒喝至微醺处，忽见眼前花半开"地不亦快哉。

推荐：Domaine Anne Gros, Hautes Côtes de Nuits Blanc, Cuvée Marine 2013 🅣

迷
失
在
东
京
Park Hyatt

多年前，看《迷失东京》，还不是看得懂的年纪。

多年后，再看《迷失东京》，依然还有地方无法理解。

但不管怎样，电影的拍摄地 Park Hyatt Tokyo 东京柏悦酒店，和这部出圈的低成本制作小众文艺片，还是互相成就了。

东京柏悦开在亚洲第一位普利兹克建筑奖得主丹下健三设计的新宿 Park Tower 的高层，由美国室内设计师 John Morford 完成空间设计。到达酒店已是深夜，上到位于 41 层的 Lobby，已感叹果然开在高层的酒店和拥有璀璨灯火的东京更配。

天气好的时候，在客房里能看见富士山，不朝向富士山的，在路经 lobby 的时候，也能远眺。采光极好的空中泳池，电影里反复出现的纽约吧，仅仅这些，感觉已经值回票价。

窗外是不眠夜，桌子上放着一封总经理的亲笔欢迎信，一盒小小的但是漂亮的金平糖，是日式风格一贯的简单而隆重，很好，一切都很都市。在这样繁华的城市，我喜欢再灿烂极致一些，就忘了闹中取静这回事吧。

Park Hyatt 一贯重视餐饮，和 lobby 同层的 Girandole 是法餐厅，全开放式，入夜后灯光暖黄，墙上是著名摄影师 Vera Mercer 拍摄的 100 多幅世界各地咖啡馆里的黑白人像，气氛动人。

入住酒店的欢迎糖果，是传统精致的金平糖。

最出乎意料的，是 Room service。住酒店我几乎从不在房间里点餐，厨房做好，再送过来，已经过了食物最美味的品尝时间，烟火气全失，况且做得好的并不多。那一晚，在东京铁塔看灯火，模仿坠落的星光，夜景让人着迷，忘了时间，直到 9 点半才下来，想要沿路找家餐厅，不是要预约就是要打烊，天太冷，不想在外面折腾太久，只好回到酒店叫 room service。

薄薄的菜单，可点的并不是很多，我们点了和牛饭套餐、猪肉乌冬面、咖喱牛肉饭，不曾想，好到出乎意料，竟然味道口感都保持在最佳的状态，尤其是乌冬面，筋道、软糯、弹牙，是刚出锅的好口感。

问牛肉是日本的还是澳洲的？送餐来的小哥急得边摆手边说，当然是我们的国产牛肉，不是澳洲美国的。着急里，也有自豪。如果有一天，在我们的高级餐厅里，服务员也能骄傲地说用的都是本地的食材，那就是餐饮的希望。**t**

遇到朋友，最受欢迎的话题还是电影，向陌生人破冰，也是最好的沟通，电影和美食电视节目谈个三天三夜也谈不完。

最近又想不出什么题目写稿，好友问道："为什么不写美食和电影？"

其实我早在 2012 年写过，在一篇叫《饮食佳片》的散文中，要讲的已经全部说完，又不想重复，如果有读友想知道我用这个题材写些什么，翻旧稿去好了，科技已那么发达，一下子找到。

有些看过这篇东西的朋友问我说："你讲的'最佳'，为什么没有《寿司之神》(Jiro Dreams of Sushi) 这一部呢，拍得很好呀！"

第一，好与不好，完全是个人的观点，要选哪一部来谈，也是我个人的决定。不过，我不是不说道理的，这部片子的确拍得不错，不过是纪录片，而不是剧情片，谈好的美食纪录片，又有一大篇文章可作。

第二，《寿司之神》中讲的次郎，我并不欣赏，我对寿司的感觉是想点什么就叫什么，不是次郎那般塞一大堆你爱吃也好，不爱吃也好的海鲜，还要加上十几二十个饭团到你胃中去。对的，次郎敬业乐业，一切都严谨，鱼虾贝类都选择最好的，饭团之中，有几粒米都要算清楚，但是，日本的职人哪一个不是这么挑剔？只有粗枝大叶的西方人才大受感动，惊为天人，这也解释了米其林一到东京，给那么多星。

可惜的是，这些作品虽然在谈美食，但是现在提起，却一点印象也没有。要是电视上重播，我也会当是刚上映的新片看看的。

有一部倒是记得清楚，那是史蒂文·斯皮尔伯格和大红大紫的黑人节目主持人奥普拉·温弗里监制的《米其林情缘》(The Hundred-Foot Journey)，也许在好莱坞看起来这是一部小成本制作，比起那些特技片，已是花了很多钱。

没有什么大明星，最贵的一个是演餐厅女老板的海伦·米伦，已是老牌演员了，片酬贵不到哪里去，其他的都寂寂无名，演父亲的欧姆·普瑞在印度大有来头，是被尊重的性格演员，演男主角的曼尼什·达亚尔一直在美国挣扎，但爬不起。

令我记得此片的是另一女主角夏洛特·莱本，她在法国电视台主持过给知识分子看的清谈类节目 Le Grand

## 美食片遗补

Journal。本人是个时装模特，不过她说过很讨厌这份做了八年的工作，负责的电视节目中主要是讲天气，但对白自己写，分析天气也能分析得有趣而生动，实在不容易。在 2012 年她开始拍电影《Astérixand Obélix:God Save Britannia》，然后又拍了《Mood Indigo》和《The Marchers》。

2014 年，她在《Yves Saint Laurent》中演圣洛朗的女神，后来演了票房失败的《The Walk》之后，观众以为再也见不到她，岂知她反弹起来演了《The Promise》和动作片《Bastille Day》，另外又主演了两部法国片，自己也导演了一部叫《Judith Hotel》的短篇电影，之后，又做了很多不赚钱的工作，像街头表演等。Le Bon 样子甜美，又是一个知识分子，我很喜欢。

观众对美食电影似乎乐此不疲，在 2015 年用大明星 Bradley Cooper 拍了《Burnt》，花大制作费，但得不到好评。反而是 Jon Favreau 拍的《Chef》，用一千一百万美金罢了，就赚到四千六百万美元。

他自己是一个喜欢美食的人，拍厌了大制作的特技片，说不如来一部讲美食的玩玩看，结果从韩国大厨 Roy Choi 得到灵感，用快餐车为主题自己当男主角，拍了这部片，虽然不是什么可以像《Babette's Feast》或《蒲公英》那种可以进入美食佳片殿堂的巨作，也甚为清新可喜。

外国的影评人很尖酸刻薄，见到美食电影大兴其道，把那些不值一提的叫作"食物色情片 (Food Porn)"，一沦为这级数，就永不翻身了，好在《Chef》不在此列。

虽然不是生人演出，但卡通片《Ratatouille》就不失为一部好的美食电影。故事说厨子和美食评论家的斗争，但是打败评论家的不单单是这部片子，以前提过的《The Big Night》，更对食评家打了一大巴掌。

有些朋友抗议说："为什么不提周星驰的《食神》呢？它也不失为一部好的美食电影！"

很对不起，这部戏拍的尽是美食，但与美食搭不上一点关系，是部特技功夫片。🅣

*本文作者是知名的美食大家、作家、文化学者，他对品味、食材和庖艺超乎寻常地认真、较真甚至苛责，他的评论和断语也尽显其风。如果读者持不同的想法或观点，敬请保持，我们一并尊重——编辑字。*

# Hanabi Patisserie

## 海 盐 焦 糖 苦 巧 克 力
## 纽 约 芝 士 蛋 糕

制作过程坚持低糖，只使用很少量的砂糖熬制出来的苦焦糖酱；零面粉，仅用法国奶酪搭配兰皇鸡蛋浓郁的蛋香，并用盐之花进行调味，使之与传统意义上的芝士蛋糕有了质的区别。而中间是法芙娜 66% 加勒比黑巧克力，味道微苦迷人。可配咖啡，可配茶，亦可配酒，总之是非常都市的味道。

忘了说了，品牌名字叫 Hanabi，在日语中是"花火"的意思，烟花绚烂，转瞬即逝，美味亦如此。**t**